山西长子崇庆寺宋塑造像艺术和信仰研究

王丽雯◎著

中国社会科学出版社

图书在版编目(CIP)数据

山西长子崇庆寺宋塑造像艺术和信仰研究 / 王丽雯著 . —北京：中国社会科学出版社，2023.3

(山西大学建校 120 周年学术文库)

ISBN 978-7-5227-0993-2

Ⅰ. ①山…　Ⅱ. ①王…　Ⅲ. ①寺庙—彩塑—佛像—研究—长子县
Ⅳ. ①K879. 34

中国版本图书馆 CIP 数据核字(2022)第 207024 号

出 版 人　赵剑英
责任编辑　王正英
责任校对　张爱华
责任印制　李寡寡

出　　版　中国社会科学出版社
社　　址　北京鼓楼西大街甲 158 号
邮　　编　100720
网　　址　http://www.csspw.cn
发 行 部　010-84083685
门 市 部　010-84029450
经　　销　新华书店及其他书店

印　　刷　北京君升印刷有限公司
装　　订　廊坊市广阳区广增装订厂
版　　次　2023 年 3 月第 1 版
印　　次　2023 年 3 月第 1 次印刷

开　　本　710×1000　1/16
印　　张　13.5
字　　数　185 千字
定　　价　68.00 元

《山西大学建校120周年学术文库》总序

喜迎双甲子，奋进新征程。在山西大学百廿校庆之时，出版这套《山西大学建校120周年学术文库》，以此记录并见证学校充满挑战与奋斗、饱含智慧与激情的光辉岁月，展现山大人的精学苦研与广博思想。

大学，是萌发新思想、创造新知识的学术殿堂。求真问理、传道授业是大学的责任。一百二十年来，一代又一代山大人始终以探究真理为宗旨，以创造新知为使命。无论是创校初期名家云集、鼓荡相习，还是抗战烽火中辗转迁徙、筚路蓝缕；无论是新中国成立后“为完成祖国交给我们的任务而奋斗”，还是改革开放以后融入科教强国建设的时代洪流，山大人都坚守初心、笃志求学，立足大地、体察众生，荟萃思想、传承文脉，成就了百年学府的勤奋严谨与信实创新。

大学之大，在于大学者，在于栋梁材。十年树木，百年树人。一百二十年的山大，赓续着教学相长、师生互信、知智共生的优良传统。在知识的传授中，师生的思想得以融通激发；在深入社会的广泛研习中，来自现实的经验得以归纳总结；在无数次的探索与思考中，那些模糊的概念被澄明、假设的命题被证实、现实的困惑被破解……新知识、新思想、新理论，一一呈现于《山西大学建校120周年学术文库》。

“问题之研究，须以学理为根据。”文库的研究成果有着翔实的史料支撑、清晰的问题意识、科学的研究方法、严谨的逻辑结构，既有基于社会实践的田野资料佐证，也有源自哲学思辨的深刻与超越，展示了山大学者“沉潜刚克、高明柔克”的学术风格，体现了山大人的厚积薄发和卓越追求。

习近平总书记在 2016 年哲学社会科学工作座谈会上指出："一个国家的发展水平，既取决于自然科学发展水平，也取决于哲学社会科学发展水平。一个没有发达的自然科学的国家不可能走在世界前列，一个没有繁荣的哲学社会科学的国家也不可能走在世界前列。"立足国际视野，秉持家国情怀。在加快"双一流"建设、实现高质量内涵式发展的征程中，山大人深知自己肩负着探究自然奥秘、引领技术前沿的神圣责任，承担着繁荣发展哲学社会科学的光荣使命。

百廿再出发，明朝更璀璨。令德湖畔、丁香花开，欣逢盛世、高歌前行。山大学子、山大学人将以建校 120 周年为契机，沿着历史的足迹，继续秉持"中西会通、求真至善、登崇俊良、自强报国"的办学传统，知行合一、厚德载物，守正创新、引领未来。向着建设高水平综合性研究型大学、跻身中国优秀知名大学行列的目标迈进，为实现中华民族伟大复兴的中国梦贡献智慧与力量。

前　言

白驹过隙，转眼已有八年，丽雯终于修成正果，毕业了。尽管她的博士论文尚存诸多不足，但这毕竟是她经历从绘画专业学习，转向艺术学理论的研习与教学，进而又专攻中国美学史博士，这样一个艰辛又历尽磨砺的过程后所取得的学术成果。论文在诸多方面，触及一些前人还没有涉及的研究范畴，提出了一些新观点，由此拓宽了以往关于山西宋代美学研究的传统思路。论文采用的论述方法，是将现代考古学的方法论，与研究传统美学理论的方法相结合，试图对山西在我国宋代雕塑史上具有典型美学特征的精品之作，做出新的释读和探索，以求能在更宽广的视域内，去观照和深入认识、剖析宋人眼中的图像意义。因此，如果没有笃定于学术研究的坚强意志，没有数年不计较任何代价的付出，这个工作是进行不下去的，也是不可能完成的。

这里选取的是她关于山西长子县崇庆寺宋塑研究的内容。研究从对作品的实地考察入手，运用美术考古学的方法，通过测量、拍摄、绘图、记录，拥有第一手资料；检索相关古今文献和图片资料，对三大士殿内北宋彩塑的宗教思想和信仰、题材组合与样式、台座、造像（服装、面相、衣纹、手势、体量和姿态）等内容做细致研究；并与同时期同类型题材彩塑做分析比较，进一步确定崇庆寺宋塑造像艺术的独特价值。

论文从中国美学发展史的角度出发，运用历史学、宗教学、社会学、民族学等相关人文学科的方法，对彩塑做综合性的哲学审美观照，总结出彩塑艺术风格形成、演变的过程及其历史成因。

总之，论文的初衷是丰满的，成果却需要不断地修正，甚至变更。对未知永存探求的兴致和理想，并付诸行动，才可能更接近历史的本来面目。

张明远

2022.1.12 于明月书屋

目　　录

绪　论

一　选题缘由及价值

宋代文化是中国传统文化的高峰代表。古今中外学者的研究和定论普遍肯定了宋代文化的辉煌成就。邓广铭认为："宋代文化的发展，在中国封建社会历史时期之内达于顶峰，不但超越了前一代，也为其后的元明之所不能及。"[①] 宋代文化的巨大成就涉及科学技术、经史哲学、文学艺术、社会教育等各个领域。体现在艺术方面，北宋绘画受到官方的大力倡领，在五代西蜀和南唐画院的基础上，宋太宗于雍熙元年（984）建立了"翰林图画院"[②]，北宋末期宋徽宗又设立"画学"[③]，绘画创作和教育被纳入官方体制中，宋代重文优仕政策的推行延及艺术领域，画家地位提升，促成了王室贵族、文人士大夫、普通市民等社会各阶层对绘画艺术的普遍喜爱和需求，宫廷内外绘画艺术空前繁荣。院体画成为北宋艺术的主流，文人画得以长足发展。城市商业中心的繁荣，也大大推动了世俗美术的兴盛。北宋绘画题材全面、技法成熟、体格完备、流派纷呈，奠定了其后中国古代绘画的基本格局和发展方向；同时，绘画理论亦硕果丰厚，专业画家、画史学者、文人士大夫以及官方相继推出大量重要的画学著作。

---

① 邓广铭：《宋代文化的高度发展与宋王朝的文化政策》，载《邓广铭学术论著自选集》，首都师范大学出版社 1994 年版，第 169 页。

② （清）徐松加：《宋会要辑稿》（职官·三十六），中华书局 1957 年版，第 3124 页。

③ （元）脱脱等：《宋史》卷 19《徽宗本纪》，中华书局 1977 年版，第 369 页。

文化的繁荣必然反映出特定时代的文化品格和美学追求，反映出特定的时代精神和丰富的美学思想。北宋时期的美学思想一方面以理学为哲学依托，突出文道合一，强化伦理功能，追求“圣贤气象”的人生境界；另一方面受禅宗浸染，突出生命意识，推崇平淡自然，追求觉悟了的审美境界。二者形成理与情的对立与融合，呈现出重理尚意的哲学本色，在美学追求方面，整体上趋向于典雅、含蓄、平淡。

在宗教艺术方面，北宋发生了较大的变化。首先，自五代、北宋以来，中国北方地区的大规模石窟造像活动出现了停滞迹象，仅在陕北地区有一些小型佛窟的发展，石窟造像艺术的活跃南移至江浙一带和四川地区。与此同时，在人群聚集的城市和乡村，寺庙建筑增多，寺观彩绘泥塑（以下简称彩塑）成为主要的雕塑类型，虽然在规模上不及石窟寺宏大，但在分布和数量上相当可观，大大方便了民众的宗教活动。其次，宗教绘画比较发达，一部分宗教画家出自画院，参与寺观壁画的创作。不同的是，因国家重视绘画艺术，设立科举取士制度，画家地位大为提升，而雕塑方面则仍以民间工匠为主，地位愈显低下。统治者和文人士大夫对雕塑匠人的阶级偏见和鄙薄，使宋代以前有些画家兼长雕塑的正常情况，在宋代以后不复存在。画家和雕塑匠人阶级分化明显，分工显著，致使雕塑艺术发展受到一定的阻碍，偏于民间化，在史论方面尤其贫弱，既无雕塑名家记载，更不可能有雕塑理论的发展。加之长年累月的自然损坏和20世纪初外国列强肆意窃掠的流失，遗存至今的宋代宗教、纪念性雕塑作品，整体上规模、数量、质量都大不如前。但毫无疑问，中国古代绘塑不分的特殊性，使绘画艺术及其审美取向必然要影响到雕塑的创作。最后，北宋儒学向宋学转变，理学体系建构，学者们吸收佛道思想，推进儒学的哲学化，本土儒家思想主体地位确立。在这种情况下，为了适应新的历史环境，为了自身生存和发展，以僧人团体为主的佛教也做出了应有的认识和回应，发展出佛学与儒学的融合，形式上“取长补短”，内容上“同质相融”，结构上“儒体佛用”①，出现了完全中国化，或

① 李承贵：《宋代新儒学中的佛、儒关系新论——以儒士佛教观之基本特征为视角的考察》，《中国哲学史》2008年第1期。

者说儒学化的佛教。这一巨大变化最终促成了北宋儒佛道互补融合的转化。

随着五代之前佛事辉煌的敦煌、麦积山、炳灵寺等西北边陲窟寺开凿的衰落，唐末五代禁佛毁佛以及近代连年战争和自然的损毁，中原木结构的建筑几无所存。唯有山西，“其东则太行为之屏障；其西则大河为之襟带；于北则大漠、阴山为之外蔽，而勾注、雁门为之内险；于南则首阳、底柱、析城、王屋诸山滨河而错峙，又南则孟津、潼关，皆吾门户也”①。因山西四周皆有自然屏障，山地绵延，地势坚固，通行艰难，寺观多藏于深山，一方面因天然屏障使寺宇免于被战火洗劫；另一方面由于气候干燥少雨，减少了对木结构寺观建筑的淋毁，并使得其内的彩塑得以留存，以至“山西成为全国遗存古代寺院最多，保存佛教泥木造像最好的地区，遗存的晚唐、五代到明、清的彩塑为全国之冠。数量之多，制作之精，无与伦比”②。山西晚唐以后的彩塑遗存，与山西境内佛教传入早期，北魏的云冈石窟、北齐和隋唐的天龙山石窟（惜盗毁严重）的石刻造像前后连接，本身就是我国佛教造像发展的一个缩影；而与敦煌、麦积山等“早期石窟彩塑前后相连接，呈现了我国彩塑完整的发展体系”③。足可见，山西古代彩塑不可替代的重要性。而山西宋代彩塑，以及山西北部与两宋政权并存的辽、金的彩塑，在这个完整的体系中，具有转折性的独特的价值和意义。

我国宗教雕塑及其遗存以佛教雕塑为主，山西北宋时期的造像遗存，同以佛教寺观彩塑为主，此外还有极其珍贵、艺术价值极高的太原晋祠圣母殿彩塑，以及道教和民间宗教彩塑遗存。和全国其他地区相比较，遗存数量多、质量精、类型全、题材广，具有鲜明的地域特征和时代特征，是我国宋代宗教彩塑艺术的重要代表，是我国古代彩塑完整发展体系中的重要组成部分。在宋代文化极度繁荣和辉煌的历

① （清）顾祖禹：《读史方舆纪要》卷39《山西方舆纪要》，中华书局2005年点校本，第1774页。

② 金维诺主编：《论山西佛教彩塑》，《佛教文化》1991年第3期。

③ 金维诺主编：《论山西佛教彩塑》，《佛教文化》1991年第3期。

史背景中，在儒佛道思想相互吸收、融合的时代浪潮中，宋代宗教信仰和宗教艺术作为古代文化生活的重要内容走向功利化和世俗化。宗教造像艺术出现了转换崇拜对象、突破宗教仪轨、表现人性化的转变，从塑造外部世界的磅礴气势转向了对内在世界的传达表现。

考察山西北宋佛教造像，从保存现状、题材组合和审美特征方面综合来看，长子崇庆寺北宋彩塑（宋塑）不仅保存完好，造像题材样式具有鲜明的时代性，充分反映出五代、宋以来佛教信仰中心转化，其宗教人物形象的塑造更是以独特的理想化世俗形态，堪当北宋寺观造像的杰出代表。李松对其中的十八罗汉像给予高度评价："宋代罗汉造像，水平最高的是山东长清灵岩寺、江苏吴县角直保圣寺、山西长子崇庆寺的彩塑罗汉群像。"①查阅和研读已有的相关研究成果，以宋代美术作为研究对象的成果颇多，对山西宋塑，对长子崇庆寺宋塑的研究也有不少，但多从美术史或造型艺术的角度切入，涉及思想层面、美学层面等文化角度的研究则或点到为止，或较为空泛，缺乏深入系统的研究，未见成熟完整的成果。

二　研究目的与意义

缘于山西北宋佛教造像的历史价值和艺术价值，北宋儒、佛、道互补交融的思想背景，鉴于已有研究的薄弱和不足，故本书选取山西宋塑中的典型个案作为研究对象，以长子崇庆寺宋塑为切入点，研究其造像艺术特点、宗教思想和信仰转化，探究其审美特征和审美理想的内涵和联系，剖析宗教艺术现象所承载的思想在文化层面上的特点和意义，探索传统彩塑的艺术理论建构，拓展对传统艺术多维度、深层次的研究。

首先，对崇庆寺宋塑艺术层面的深入研究。

以往关于崇庆寺宋代彩塑的研究，多数研究缺乏科学严谨的基础考察，对寺院、塑像、碑刻等的数据和图片等一手资料的获取不直接、不准确、不严谨；对相关时代问题和图像来源缺乏可靠的考证；

---

① 李松主编：《五代宋寺观造像》2卷，《中国寺观雕塑全集》，黑龙江美术出版社2005年版，第7页。

对艺术层面的分析不够深入和全面。本书选取作为山西北宋时期典型代表的长子崇庆寺宋塑作为研究对象，一方面是通过数次实地考察，获取翔实的测量数据，拍摄图片，绘制线图，制作图表，分类记录，在此基础上结合文献资料，具体到每一尊彩塑的考证性描述，建立第一手的文献、图像资料。另一方面是对彩塑艺术特点和审美特征的分析，拟构建一种多角度的立体研究系统，包括建筑空间和雕塑实体的空间与位置关系、雕塑与雕塑之间的构成关系、雕塑自身的造型特征等问题。并与同时期其他同类题材（或类同样态）彩塑做对比研究，分析比较不同彩塑样式、艺术特征方面的联系与差异，从中寻找崇庆寺宋塑的艺术特征和发展规律。

其次，对崇庆寺宋塑宗教信仰和思想文化层面的研究。

对崇庆寺宋塑宗教思想的溯源与分析，对其题材样式所内含的信仰中心的剖析与探究，是解读崇庆寺宋塑宗教艺术的关键。作为宗教艺术，从根本上讲是符号艺术，借感性直观的视觉形式将深奥抽象的宗教义理具象化，利用艺术形象更好地宣传宗派教义。一定的题材内容和组合样式本质上体现的是特定的宗教思想，而宗教造像题材组合及其样式随着朝代的更迭在不断变化，其本质上是宗教在适应社会生活的不断变化，根据国家政策和信众需求做出的相应调整。雕塑不及绘画的叙事性特征，无法展现事件的具体过程和盛大场景，只能通过有限的造像及其组合样式来传达宗教义理，反过来也使得其所对应的宗教思想更为集中和明确。崇庆寺宋塑遗存以三大士和十八罗汉组合为表现内容，菩萨、罗汉群像成为崇庆寺北宋佛教造像的重要表现题材，在组合上也突破宗教教义的规范，表现出组合自由与现世功利的变化，其造型写实而典雅，具有浓郁的世俗倾向，集中反映了我国北宋时期佛教造像的题材转变和信仰转向。通过对长子崇庆寺北宋造像的题材和题材组合、造像样态和信仰变化，审美特征和美学思想的分析与探究，梳理其内在的宗教教义和思想来源，探析不同宗派思想的相互融合，以期达成对山西北宋时期佛教艺术的理解和把握，对我国北宋时期佛教造像艺术的管窥。

三 国内外研究现状

长子崇庆寺宋塑造像艺术及其信仰的研究包含着两个主要层面，即艺术层面和文化思想层面，且彼此交叉，交互生成。中国古代雕塑主要由工匠完成，尤其是北宋以来画家地位的提升更是彻底拉开了绘画和雕塑的差距，历史上画家载入史册、画学论著丰富成熟，然鲜有所谓的雕塑家被记载，更无雕塑理论著作传世。中国古代雕塑最早被学界关注到，是在19世纪末20世纪初，随着西方帝国主义列强对贫弱中国的侵略，从一些所谓的西方和日本学者在丝绸之路上的文化掠夺开始。由西北的新疆、甘肃，一直到中原内地，其中山西太原的天龙山石窟和大同的云冈石窟被偷盗掠夺得极为严重，而最早的相关研究也是由外国掠夺型学者开始的。日本人把我国的佛教艺术作为调查和研究的重点，伊东忠太早在1902年到达云冈石窟，并著《中国建筑史》，1918年又到天龙山石窟，于1938年完成《中国之建筑与艺术》；同年，常盘大定的《中国佛教史迹》出版。正是外国人在中国的考古和掠夺活动激发了中国学者对我国古代文物的重视和研究，20世纪20年代后，我国学者开始陆续展开了以研究调查和发掘为主的考古活动。“从20世纪50年代初开始，中国考古学者和美术史学者对全国各地的佛教造像遗迹和遗物进行了比较全面的科学调查、发掘、保护和研究工作，取得了多方面的可喜成就。”[①] 从时间上看，早期宗教雕塑的相关文献主要为基础研究，以石窟寺雕塑考古发现和研究成果居多，如宿白的《云冈石窟分期试论》（1978）、李裕群的《天龙山石窟调查报告》（1991），同时也展开了对寺院塑像的调查和修复，如祁英涛、柴泽俊的《南禅寺大殿修复》，文物出版社的《华严寺》（1980）。20世纪90年代以来，宗教彩塑的研究突破了考古学的历史学范畴研究，从艺术学的角度，综合美术考古学、宗教学、美学等学科，取得了更大的成果，如张明远的《太原龙山石窟道教艺术研究》（2002），崔元和编纂的《五台山文化遗产·塑像卷》

---

① 刘凤君：《美术考古学导论》，高等教育出版社2014年版，第175页。

（2017）等。目前，有关崇庆寺宋塑及其信仰的相关研究包括以下几个方面。

（一）对崇庆寺宋塑艺术层面的研究

1. 对崇庆寺宋塑作为宋塑艺术的重要组成，从整体角度概略研究

崇庆寺宋塑是山西北宋佛教造像的重要代表，但被关注和研究是在20世纪80年代末期以后。较早较为全面地研究中国古代雕塑的重要著作，是王子云的《中国雕塑艺术史》（1988年第1版），书中列选的内容多数是建立在作者数年对中国古代雕塑实物遗存的考察基础上，并对中国古代宗教雕塑艺术的发生、发展、变化的历史作了系统的论述，同时拍摄和整理了很多重要的图像资料。在宋代寺庙雕塑部分，收录了山西晋城青莲寺的十六罗汉塑像，太原晋祠圣母殿的侍女群像，以及长治法兴寺圆觉殿的十二菩萨像，尤其对前二者落墨较多，评价很高，但认为法兴寺十二菩萨像因明清重修，呆板而缺乏生气，然而此书并未提及毗邻法兴寺的崇庆寺宋塑。同年，中国美术全集编辑委员会编著的《中国美术全集·五代宋雕塑》出版，以图版为主，收录了包括长子崇庆寺三大士殿、法兴寺圆觉殿、太原晋祠圣母殿、晋城玉皇庙昊天玉帝殿、二仙庙正殿的部分山西宋代彩塑。主编史岩在书中撰写了《五代两宋雕塑概说》一文，认为北宋华北地区的佛教艺术较有起色，文中对长子崇庆寺三大士殿宋塑“首次予以发表”①，认为“以观音为中尊，配以文殊、普贤二菩萨，这种三位一体的组合形式，为过去罕见，是五代后观音信仰更趋盛行以后，逐渐形成的新形式。观音做骑兽状，亦为过去所未见；以麒麟为观音的骑乘，更属孤例”②。对殿内十八罗汉坐像的评价，则与山东长清灵岩寺罗汉像做简单比较，认为二者虽然制作时代相近，但因地区不同、作者不一而风格迥异，后者品格高出一筹。同类型的书籍还有中国寺观雕塑编辑委员会的《中国寺观雕塑全集·五代宋寺观造像》（2005版），该书为画册型研究著作，较为全面地收录了包括长治长子崇庆

① 史岩主编：《五代宋雕塑》27卷，《中国美术全集》，人民美术出版社2006年版，第11页。

② 史岩主编：《五代宋雕塑》27卷，《中国美术全集》，第11—13页。

寺三大士殿宋塑，以及山西太原晋祠圣母殿，晋城青莲寺、二仙庙，长子法兴寺圆觉殿的绝大部分宋代彩塑图片。主编李松撰写了《五代两宋寺观雕塑》一文，文中则认为长子崇庆寺三大士殿内的北宋三大士像和十八罗汉像，“创立了一种装饰性的华丽风格，手法夸张，形象生动，其中的优秀作品塑造水平足可与灵岩寺宋塑罗汉相颉颃”①，给予长子崇庆寺宋塑艺术以高度评价。2008 年，柴泽俊、柴玉梅的《山西古代彩塑》一书问世，该书内容涵盖了山西自唐至民国的历代国家级彩塑遗存，分基本论述和彩塑图片两部分，是比较全面的山西古代彩塑的基本资料。该书主要从考古学角度对每一时期每一处寺观建筑，建筑内现存的彩塑做了实地调查和研究。书中测量记录了长子崇庆寺每一尊宋塑的具体尺寸，对具体的寺院修建、造像时间、宗教类型、题材组合、造型和风格特点都做了简要分析，是研究长子崇庆寺以及山西古代彩塑必读的第一部类工具书的重要著作。很多研究山西古代彩塑的论文直接采用此书中的测量数据。

2. 对崇庆寺及其宋塑从个案或地域性角度，做艺术层面及相关研究

对崇庆寺及其宋塑的局部和个案研究，以高校教师或文物工作者，以及硕、博士论文为主，成果较少。目前可见最早的研究是白红芳、蔚艳《长子崇庆寺宋代彩塑艺术》（2004）一文，文章认为寺内千佛殿和三大士殿彩塑皆为宋代彩塑，并着重描述了三大士殿宋代塑像的细节，认为菩萨像是内在气质和造型美的巧妙结合，十八罗汉像是加入了布袋和尚和达摩多罗的体系，并总结其造型具有夸张写实的艺术特点，形象塑造展现了一种心灵自在的智者特点，论文以述为主，缺少分析论证。张宇飞的《佛影——法兴寺、崇庆寺、观音堂彩塑赏析》（2011）一书，是从艺术接受的角度，对长治地区三处宋、明时期的代表性彩塑做了图文并茂的分析和描述，作者认为崇庆寺三大士殿彩塑是一组三教圆融的佛家造像，其艺术风格和审美意蕴具有装饰性、写意化和文人化特点，并对具体神兽、部分罗汉形象进行赏

① 李松主编：《五代宋寺观造像》2 卷，《中国寺观雕塑全集》，第 12 页。

析，基本上是对有关专家结论的个人理解，缺乏对思想层面的深度剖析和问题意识。同年清华大学建筑学院国家遗产中心联合山西省长子县文物旅游发展中心出版《国之瑰宝——长子法兴寺与崇庆寺》，书中涉及崇庆寺彩塑的内容由张飞宇撰写，是其在《佛影——法兴寺、崇庆寺、观音堂彩塑赏析》一书中相关内容的缩写。柯秉飞的《雕饰如生——山西长子崇庆寺宋代彩塑的人格化表现》（2011）和《山西长子崇庆寺宋代彩塑十八罗汉服饰衣纹艺术研究》（2015）两篇论文，分别从罗汉像的人物塑造特征和服饰衣纹艺术特点入手，对各尊塑像做了平均性描述，缺少论述性内容和考证性研究。孙丽媛《山西长子崇庆寺罗汉造像艺术探析》（2019）一文，将长子崇庆寺罗汉造像特征总结为，超越仪轨的造型风采、狂逸离俗的梵僧风貌、回归现世的现实之美和像外之象余味曲包的艺术特点和审美特征，有些结论缺乏考证。山西大学孙文娟的硕士论文《山西长子崇庆寺宋塑十八罗汉艺术研究》（2016），从对十八罗汉像的调查、造像特色、美学风格和艺术思想、对中国罗汉造像的继承和突破几个方面入手，是较前面所提及著作和论文更为深入全面的一篇论文，但存在考察欠缺科学性、论点多依赖他人提出的观点等不足。其次是研究山西地域性宋塑论文中涉及崇庆寺宋塑。如西安美术学院范小杰的博士论文《晋南唐宋元寺观彩塑样式研究》（2013），该论文选取唐宋元时期，山西长治、晋城、临汾、运城地区的佛教寺院、道教宫观兼及民间神祠遗存的彩塑作为研究对象。选择其中有代表性的寺观着重对彩塑样式进行分析，因其研究需要，在宋代彩塑的选取中包括长子崇庆寺三大士殿的彩塑样式，但对其描述和分析的篇幅十分有限，作者认为崇庆寺菩萨造型样式为唐、五代、宋流行样式，十八罗汉像样式则风格迥异于同时期其他寺院的罗汉造像，整体风格确定以李松的评价为准，测量数据来源于柴泽俊、柴玉梅的《山西古代彩塑》，亦因其研究重心所限，以上内容均未有具体阐释和深入分析。燕山大学赵顺辉的硕士论文《山西宋代寺观彩塑艺术研究》（2019），亦有崇庆寺宋塑的一些内容和简略分析，还专门辟出一章来谈美学思想，但实际上主要涉及形式层面的审美特征。相对而言，硕士论文在基础考证方面有欠科学性，问题论述方面准确度和深度尚有提升空间。但由此亦可见，近年来有关山西宋代彩塑（包括壁画）的学术研究越来越多，越来越受重视，利用地域资源优势研究区域古代美术遗存也更为可行有效。

3. 与崇庆寺宋塑相关的方法研究、比较对象的研究

与长子崇庆寺宋塑艺术相关联的研究，还包括同地区相邻时代和不同地区同时代彩塑艺术的研究。前者较为重要的著作，如张明远的《山西古代寺观彩塑 · 辽金彩塑》（2019），辽金与两宋时期在时间上基本重合，在宗教艺术上亦与宋代相互影响。此套书系目前是关于山西辽金彩塑较为专业、系统、全面的论著，尤其是在田野考察、照片采集、数据测量、线图绘制等一手资料方面做得十分扎实，从微观层面具体到每尊塑像的样态描述，题材组合样式探源，艺术特征或美学意蕴分析；从宏观上分析不同地区的宗教信仰和造像特征区别，总结山西辽金彩塑发展变化的规律，对本书的撰写思路、方法、结构有很大的启示和帮助。在不同地区同时代彩塑艺术的研究方面，如山东济南长清区灵岩寺的罗汉彩塑，是北宋罗汉彩塑艺术的高水平典范之作。有山东大学胡新华的博士论文《长清灵岩寺宋代彩塑罗汉像研究》（2015），黄恋茹的《山东长清灵岩寺彩塑罗汉像身份问题初探》（2020）等，分别从不同角度对其深入研究。又如苏州大学刘剑伟的硕士论文《角直保圣寺泥塑探析》（2009），分析了宋代早期十八罗汉的造像特点与变化，等等。以上诸研究成果，为本书提供了可资借鉴的相关信息，以及一定的思路和方法。

此外，有关宋代绘画方面的文献和成果亦对本书有一定的参考意义。如北宋郭若虚的《图画见闻志》一书，是宋代人对当朝绘画史的记录、品评的重要著作，其中叙论和人物部分的分析和记载，论述精要，对本书研究崇庆寺宋塑人物造像的艺术特点和审美特征颇有助益；今人薛永年、赵力、尚刚合著的《中国美术史——五代至宋元》（2014）一书，具体阐述了五代至宋元的绘画、雕塑内容及其历史背景、文化环境、发展特点等，对本书有关山西宋塑艺术的风格和时代特征都有一定的参考性。还有关于宋代服饰方面的研究成果，如黄能馥、陈娟娟的《中国服饰史》（2004）一书中的宋代服饰部分，张蓓

蓓的著作《彬彬衣风馨千秋——宋代汉族服饰研究》（2015），王振国的论文《偏衫与直裰》（2011），等等，为本书对崇庆寺宋塑服饰的历史时代性的分析判断提供了有效的文献依据。

最后，有关长子崇庆寺宋代建筑和其他殿堂彩塑的研究还有，柴琳的《谈晋东南宋代建筑长子崇庆寺的寺院形态和艺术价值》（2020），王永进等的《山西长子崇庆寺千佛殿彩绘泥塑贴金表面涂层的清洗研究》（2020），柯秉飞的《崇庆寺本体环境营造和保护研究》（2015），党小娟等的《山西长子崇庆寺宋代泥塑彩绘颜料种类及贴金工艺分析》（2012）和《山西长子崇庆寺宋代泥塑金属构建的金相学分析研究》（2011）等论文，从环境、建筑、材料、工艺、保护等相关方面做出有益的探索。

（二）与崇庆寺宋塑相关联的宗教思想和信仰研究

1. 与崇庆寺宋塑相关联的宗教史和思想史的研究

有关崇庆寺宋塑宗教思想的研究并没有明显的直接成果。主要体现在宗教史或思想史的宏观著作中，包括儒佛道思想的融合、比较研究，以及对佛教中的菩萨信仰、罗汉信仰及其造像的研究，探讨不同信仰对象的宗教义理和内在思想。

郭朋的著作《中国佛教思想史》（1994），包括其早期《宋元佛教》（1981）的主要内容，较之其他时期，宋代部分内容偏少，主要以佛教政策和佛教宗派的发展展开阐述。潘桂明的《中国佛教思想史稿》一书，对中国佛教思想做了综合的考察和全面的论述，时间跨度大，内容涵盖广，从佛教传入一直到近代，对佛教思想史上的主要人物、宗派进行了细致梳理，阐述相关的重要哲学范畴和命题，分析其演变过程，从中揭示内在的文化内涵、思维特征和知识取向。其中第三卷《宋元明清近代卷》（上）（2009）以宋代佛教思想为重点，周密论证了宋代佛教思想和程朱理学的关系，正是在儒家强力辟佛的同时，佛教对中国传统文化研究吸收，促成宋代佛教思想的蜕化，形成了传统佛教思想向近代过渡和转化的基本形态，具有一定的新视角和新思路。此外还有顾吉辰的《宋代佛教史稿》（1993）和闫孟祥的《宋代佛教史》（2013），前者从宋代士大夫角度阐释佛教发展，后者对宋代佛教大大小小宗教派别的发展流变、代表人物及其思想作深入剖析。从佛教政治、经济角度研究宋代佛教的，有刘长东的《宋代佛教政策论稿》(2005)，汪圣铎的《宋代政教关系研究》(2010)，我国台湾学者黄敏枝的《宋代佛教社会经济史论集》(1989)等，大量有关宋代时期佛教的著作，为本书的展开提供了相关的知识储备。另有日本学者高雄义坚的《宋代佛教史研究》(1975)和竺沙雅章的《宋代佛教社会史研究》(1982)，后者重点考察了宋代佛教教团与社会各界的关系，进一步分析了佛教在中国的社会地位，以及对社会发展的作用。

在儒佛道思想的融合和比较研究方面，如日本荒木见悟的著作《佛教与儒教》(2005)，以华严宗哲学和圆觉经哲学对应宋明朱子的哲学和王阳明的哲学，探究佛教和儒教各自的核心基础和思想变迁的哲学性基础。河北大学韩毅的博士论文《宋代僧人与儒学研究》(2004)，湖南大学邢爽的博士论文《佛学与北宋士大夫的精神世界》(2015)，分别从不同角度研究宋代儒佛之间的差异、融合，前者从僧人角度，以唐末至南宋的几位僧人为重要代表，剖析研究其对儒家反佛思想、儒学思想、儒家伦理思想、儒家史学思想、儒佛道思想的认识、批判、看法，以此认识宋代作为一个文化转型和整合时代的学术文化和思想。日本土屋太祐的《北宋禅宗思想及其渊源》(2008)一书分上下两篇，考察了从马祖到北宋末圆悟克勤的禅宗思想史。上篇为北宋禅宗思想的渊源，即唐代禅宗的思想史，其演变分为马祖、后马祖、雪峰—玄沙，马祖的“作用是性”说在禅宗思想史上有划时代的意义；下篇为北宋禅宗的思想史，按照宋代禅宗的主流交替，即云门宗、临济宗黄龙派、临济宗杨岐派的顺序进行叙述，但思想课题的实际变化和派别的交替并不是完全一致的。

另有，任继愈的论文《佛教与儒教》(1986)，李申的《传统的儒、佛、道三教观》(2002)，四川大学杨军的博士论文《宋元三教融合与道教发展研究》(2007)，吾敬东的《道教、儒教与佛教异同之辨析》(2008)，耿静波的《儒释融合视角的理学与佛教关系探析——以北宋五子为例》（2017），黎晓铃的《佛教“理事圆融”与理学“理一分殊”对比研究》（2017）等论文，从不同角度阐释和分析了宋代儒释道三教思想之间的关系。还有魏道儒的《宗教融合与教化功能——以宋代两种华严净土信仰为例》（2000），论文以宋代佛教内部的华严宗和净土宗为例，论述了二者在内容、方式及目的等方面的融合，以及社会作用的发挥。以上学术成果不仅表现在儒家、释家和道家学说的相互吸收和接纳，也表现在对不同宗教内部不同派别和经典学说的兼容并蓄，这种跨越宗教和宗教内部的融合新构，在宋代尤为突出。另外，葛兆光的《中国思想史》（2012），作者以个人的观察与理解的角度，引征丰富的古代文献，参考现代研究成果，阐述经典思想的发展，及其形成与确立的知识来源和终极依据。其中第二卷内容中包括宋代思想史，作者立足于一个宏阔全面的角度，从唐末到宋，人们重点围绕着重建国家权威和思想秩序，变化思路，并借助旧学历史资源在传统中求新求变，在宋代形成了以“理学”和“心学”为代表的新的知识、思想与信仰世界，经过唐宋两代逐渐建构起新的传统。本套书角度开放、层次多维、文献丰富，给予本人在撰写方面诸多启发。

2. 与崇庆寺宋塑相关联的宗教信仰研究

崇庆寺宋塑的主要供奉对象是三大士像和十八罗汉像，学界对其信仰根源的直接研究尚属空白，但对菩萨信仰和罗汉信仰及其造像方面的研究成果较为丰富，对本书的撰写也有更多直接的启示和借鉴意义。中国社会科学院释见脉（黄淑君）的博士论文《佛教三圣信仰模式研究》（2010），探讨了佛教造像中“一佛二菩萨”的几组经典组合模式，梳理了相关的宗教经典教义，解读了三圣模式的进路，以及对三圣观行、礼忏、造像的剖析，认为三圣信仰模式在本质上是“佛教圣者观”的典范，是以“信徒美德培养”为目标的美德养成系统。蓝慧玲的《“三大士”造像思想探源》（2013），则具体探讨了观音、文殊、普贤三菩萨组合的“三大士”造像模式的思想起源与背景，认为三大士的特殊造像与信仰体系，是中国佛教造像与菩萨信仰的一大变革与创新，是汉地的佛教融合显、密元素所开展的独具中国特色的一种信仰模式，以上两文对本书有关“三大士”组合模式演变的宗教思想，以及审美理想都有重要的参考作用。此外，西北大学李利安的《观音信仰的渊源与传播》（2008），及其博士生谢志斌的博士论文《中国汉地观音形象研究》（2019）等，对观音菩萨信仰和造像思想做了具体的阐述，对本书理解北宋菩萨信仰和造像有一定帮助。在罗汉信仰和罗汉造像方面的研究成果，如沈伯村的《罗汉信仰及其造像艺术》（1998），于向东的《五代、宋时期的十八罗汉图像与信仰》（2013），复旦大学释阿难的博士论文《巴利〈论事〉中的“阿罗汉观”研究——以上座部对有部批判为核心》（2014），王霖的《7—8世纪的十六罗汉信仰——以玄奘所译〈法住记〉为线索》（上、下，2015）等，主要从宗教义理方面梳理和剖析了罗汉信仰的形成和罗汉造像模式的流行。在南京艺术学院于亮博士的论文《论罗汉像的“世态像”和“野逸像”》（2013）中，以五代、宋出现的两种不同风格的罗汉像风格，来反映其折射出的特定时期的宗教思想观念和社会文化形态。李静杰的《陕北宋金石窟佛教图像的类型与组合分析》（2014），和东南大学张凯的博士论文《10到13世纪东亚地区罗汉图像和罗汉信仰研究》（2019），两文涉及和梳理了关于宋代罗汉与其他偶像题材的组合配置关系。以上文献对作者理解崇庆寺宋塑中罗汉信仰和造像思想，以及分析造像的组合样式都有一定的启示和帮助。

四　研究方法与创新点、难点

（一）研究方法

第一，文献研究法。对相关文献的收集、整理、分析是理论研究的基础和客观依据。一是古代文献。包括崇庆寺现存的碑刻碑文第一手资料和相关古籍文献资料。尤其是寺内现存的宋代碑刻文献至为重要，主要通过田野考察来获取。由于研究对象为古代遗存，需要整理和分析涉及的历史信息，包括时代内和区域内的社会生活、宗教派系及其教义思想等；二是当代研究文献。本书详尽地搜集了大量有关崇庆寺宋塑和同时代以及相邻时代的宗教美术资料，包括宗教思想和美学思想研究的书籍和论文资料，并对文献资料进行系统归类与分析。

根据对已有研究成果的粗略阅读或精细研读，比对和筛选，确定了本书研究的主要内容与思路，明确了本书的研究价值与意义。需要说明的是，文献研究法分为两个阶段，第一个阶段是在田野考察前，主要查阅关于崇庆寺宋塑的基础文献，初步了解研究对象。第二个阶段是在田野考察之后，再研读已有的相关研究成果和古籍文献，确定本书的研究构架、内容和价值。

第二，田野考察法。本书研究的对象是崇庆寺宋塑遗存，首要解决的问题就是亲赴实地考察，收集和整理相关的第一手资料，完成对彩塑和彩塑依存的寺院建筑基本信息的采集。包括寺院的具体方位、环境、规模，彩塑所在殿堂的地位、位置、尺寸，彩塑的题材内容、组合布局、体量尺寸，以及现存的碑刻文献资料等，通过拍摄、测量、绘制、记录等方法完成，对有些寺院会进行多次田野考察，以保证原始资料的准确性和全面性，为后续研究做好充分的准备。

第三，图像学方法。在田野考察获取山西宋塑遗存的一手资料之后，首先要对其做基本的艺术构成和艺术特征的分析，包括题材内容、组合样式、造型语言、风格特征等方面，既要突出崇庆寺彩塑艺术的独特性，还要注意总结区域内宋塑艺术的共性，以及发展变化的规律。并运用图像学方法，探究崇庆寺宋塑世俗化题材及其组合样式背后所隐含的宗教教义和思想；以及题材样式所包含的宗教信仰的变化。

第四，分析对比法。在对崇庆寺宋塑题材内容、组合形式、艺术特征等的阐述中，始终贯穿着对比分析的方法。运用相关考古资料和其他已有的研究成果进行分析对比，一方面以崇庆寺宋塑与其他山西同类题材的宋塑作比较；另一方面与不同地域宋代同类题材的彩塑作比较；最后，与相邻时代的彩塑艺术作比较。在对比中总结相似性和差异性，分析崇庆寺彩塑造像发展变化的规律。也正是通过比较分析以彰显崇庆寺宋塑造像的艺术价值。

（二）创新点和难点

1. 研究的创新点

本书是在对山西宋塑的整体考察基础上选取崇庆寺彩塑作为佛教

宋塑的典型代表。研究首先基于对崇庆寺宋塑科学全面的田野考察和考证，形成了较为完备的图像采集、数据测量、线图绘制等第一手的资料。在此基础上，与其他山西宋塑以及其他地区的宋塑做比较研究，推导出对崇庆寺宋塑造像的时代性和独特艺术性的完整认识。其次，是对崇庆寺宋塑的题材组合样式和造像思想关系的推断和分析，对其审美意蕴的探究，深化了对古代彩塑艺术的历史文化内涵的研究。研究结论认为，崇庆寺宋塑的题材组合样式及其审美追求，反映了北宋中后期，儒家思想确立主体地位后，佛教僧团提出以佛“治心”，以儒“治世”，共同治世的圆融思想。这些宗教艺术样式所反映出的美学特征的时代变化在中国美学史上占有一定的位置。

2. 研究的难点

第一，本书研究的崇庆寺宋塑属于美术考古的范畴，要做到客观、全面地研究，首先需要科学的田野考察。由于崇庆寺宋塑遗存地处偏僻的乡郊，为得到精确全面的资料，需要数次实地考察。而在比较分析中，涉及宋代或相邻时代相关的外省彩塑，客观上也需要实地田野考察，但书中外省彩塑的基本资料主要借鉴已有的研究成果，实属遗憾。其次，在采集相关的尺寸信息时，建筑空间的测量相对容易，数据比较准确，而彩塑自身形态的复杂性和本着对文物的保护原则，测量较为困难，尺寸数据难免会有偏差，只能达到相对准确。另外，由于文献资料的有限和碑刻资料的不完整，对崇庆寺宋塑后代修缮的相关问题难于精确整理，包括重装的具体时间、次数，以及修缮装銮的部位也欠缺准确的记录。

第二，在对崇庆寺宋塑历史文化内涵的研究中，对彩塑题材内容及其组合样式做宗教教义、思想和宗教信仰的溯源和梳理，需要对彩塑艺术的审美特征和审美理想做相关探索，这些内容和资料庞杂深奥，另外还涉及山西及长治地区的宋代历史及社会生活等相关知识背景，等等。本书选题涉及艺术、宗教、哲学、美学、历史等多学科的交叉，属于跨学科研究，囿于本人学力局限，一些问题的研究不够深入通透，甚至会有错漏。

第一章　崇庆寺宋塑的历史背景

就其历史时期和雕塑类型来看，本书研究的“崇庆寺宋塑”准确的表述应该是“崇庆寺北宋寺观彩塑”。从时空范围上看，山西宋代仅为北宋，从雕塑类型和样式上看，山西宋塑的主要代表为寺观彩塑。北宋（960—1127）在中国历史上是一个重要的转折点，政权相对统一，商品经济发达，政治上崇文抑武、内盛外虚，文化上出现儒学哲学化与宗教世俗化的重要变化，并由此形成以理学和禅宗为主导的两大美学思潮，宗教造像由隋唐的恢宏豪迈转向雅致细腻。山西北宋时期的佛教寺观造像艺术成就突出，堪为同一时期全国最高水平的代表，既反映了北宋时期鲜明的时代精神，同时又呈现出独特的地域性和民间性特点，在艺术和美学的总体格调上是细腻优雅、规整秀丽的。崇庆寺宋塑造像艺术的产生正是根植于这样的历史时期和地域大背景中。

第一节　崇庆寺宋塑的时代背景

崇庆寺宋塑之“宋”，所指为北宋时期。960 年，宋太祖赵匡胤称帝，建立宋朝，定都汴梁，史称北宋。北宋结束了五代十国的割据分裂，统一中原和南方，鉴于前朝封建军阀割据的历史教训，强化了中央集权制，将政权、兵权、财权收归皇帝一身。中央崇文抑武，实行科举制，知识分子不受门第限制而进阶官位，参与国家事务，朝中形成文官主政的局面，在中国历史上，北宋文人士大夫获得了前所未有的优越的身份和社会地位。社会结构由此变化，经济文化迅速发展。但同时，自北宋建国以来，与北方契丹族建立的辽和党项族建立的西夏战事频发，边患不断，北宋政府采取“守内虚外”的国策，最终在景德元年（1004）与辽结“澶渊之盟”，庆历四年（1044）与西夏议和，以输出岁币维持着相对的和平。

一 北宋经济文化空前发展

一系列的政治变革推动了北宋经济文化的空前发展。随着科举入仕文官阶层的壮大，形成新的地主阶层，改变了旧有的生产关系和经济结构，租佃制普遍实行、土地买卖自由，农业经济发展。正是以文官阶层为主逐渐壮大的地主阶层成为维护社会秩序，支配政治、经济、文化的中坚力量，成为左右文化观念、学术思想和审美趣味的重要社会力量。同时随着手工业作坊“雇用制度”的实行，大大推动了手工业的发展和商业的繁荣，也使得市民阶层扩大，世俗文化及其审美趣味得以滋长。伴随着文官阶层和市民阶层的出现和壮大，北宋在学术思想、宗教观念、艺术创作和美学思想上也发生了重大变化。

北宋文化最大的变化，莫过于儒学的哲学化、理学的建构。北宋的儒学大家以“北宋五子”——周敦颐、邵雍、张载、程颢、程颐为主要代表，并形成不同儒学流派，儒学家改变了宋之前的训诂考证，他们吸收佛道思想，尤其是对佛学注重思辨且论理缜密之长的借鉴，转向探究义理，建构理学体系，使儒学哲学化。虽然各派义理、对宇宙本原的认识不同，但都突出了系统化和条理化。“理”是新儒学的根本，理学家们以形上之“天理”，贯通到自然界和人类社会中，融入对儒家“修身齐家治国平天下”入世思想的系统化论证，并将其扩大至整个社会，儒家思想、理学体系以其哲学化的学术特征和世俗化的社会关怀成为北宋社会的正统思想。而儒学家在借鉴和吸收佛学的同时，为证正统强力排斥佛教，佛教则为求得自身发展，争取统治者的支持，主动与儒学融合，从社会教化功能上宣扬儒佛一致，“同归于治”，北宋佛教走向世俗化。从北宋的整体学术和思想的发展来看，以儒佛学理和思想的融合互补为主，道家思想相对并不突出，多渗透在理学和佛学中。

北宋艺术亦进入中国古代艺术发展的繁盛期。得益于皇家绘画机构的设置，北宋画家地位得到前所未有的提升，在皇家的推动和支持下，绘画创作和画学论著全面发展，成果显著。宗教艺术也从晚唐五代的低潮中开始回升，一方面，受民族矛盾的影响，因北宋边患不断、朝廷退让求和，儒学家的爱国意识和本土意识激增，以儒为主，佛道为辅，相互融合，共同倾向社会教化作用。同时北宋皇帝基本都支持佛道及其艺术的发展。由此促成了宗教艺术的世俗化；另一方面，从佛教层面来看，佛教哲学在盛唐达至其高峰，五代北宋以来人们则更关注现实人生，引发了信仰中心和信仰模式的改变。北方僻远地区的石窟造像逐渐停滞，代之以城市和乡村的寺庙兴建和彩塑艺术的繁荣。

二　北宋理学美学思潮和禅宗美学思潮彼此递嬗

就北宋而言，儒学的哲学化和宗教的世俗化是其文化的两大特征，具体表现为理学的建构和禅宗的流行，由此分别形成以理学为主导和以禅宗为主导的两大美学思潮，并呈现出对立与融合的特征。

理学的发展是以儒家的伦理道德为本，吸纳佛道的思辨思想，构建出系统精深的中国哲学体系。理学也是对中国传统美学的发展，侧重表现在心性思索所建造的形上本体上。理学突出儒家美学对现实人生的关怀，是以宇宙本体论为基础的伦理学本体论，是以“理”为本体的“心性”学，此理是天道之理、伦理之理、本体之理，这使得宋代儒学转化为向内的哲学，其审美观照从宇宙天地更多地转向主体的道德修养和审美的人生境界。即，在内要“修身”，通过内在的修持和自我的参悟，使自我不断提升、突破、完善，成为道德至圣者，达到宋人的最高人生境界“圣贤气象”，将人的道德、人的价值、人生境界融而为一；同时理学家的“心性”问题是和宇宙本体紧密联系的，同样体现出天地万物生生不息的生意之美，天地万物的“生意”“生生之德”，正是天地“仁”的表现。这一点更集中地体现在表现人的生命意识的“仁”上，由此，天地万物的精神化和道德精神的自然化就化合出一个新的生命境界。[①] 在理学家看来“人与天地一物也”（程颢），他们对宇宙天地的观照，对现实人生的关怀，对自我人格的完善，对人生价值的取向，对人生境界的追求，是由天地万物而推及人的生命意识的“仁”，包含着自然的快乐，道德的快乐，更是一种超越道德回归本体的审美快乐，是人们在现实生活中、平常心态下保持本真而获得的生命审美境界，即所谓的“孔颜乐处”。这也是理学家追求的最高人生审美境界。可以说以理学为主导的美学思潮是宋代美学思潮基本精神的主要代表。

如何获得这种“乐”，也就是理学家们道德修养的过程和通往人生审美境界的途径。周敦颐的“主静”，邵雍的“以物观物”“观之以理”[②]，又程颢在《秋日偶成》中有一句“万物静观皆自得”，实则都是在主张“静观”，在观物格物时要去除主观的情感、欲望、偏见，观之以“理”，即由天地之理贯通道德之理，使“静”的内心与天地之“理”合一，而至至善，也即至美，正如刘纲纪所说：“审美境界和道德境界是合为一体的。”[③] 在获得宇宙天地之理、伦理道德之理，通往生命审美境界的具体方式上，程颐认为须“格物致知”，“穷理尽性”，对天下万物皆可作深入、细致、彻底的观察和探究，于一物之理而通自然之理、伦理之理、本体之理。正是基于这一“理”的概念，宋代美学重写实更重内在的涵泳体悟，北宋绘画、雕塑进入真正写实的时代，题材扩大，技艺精湛，写天地万物之形，格天地万物之神，以真实具体细致的形下物象的绘制雕造，传达对象内涵的意气、情感、个性，以达尽善尽美。其美学主“韵”、尚“意”、重“气象”，追求以神写形，韵外之致，蕴含人生境象。[④]

如果说理学主导下的美学思潮以理性思辨见长，重在伦理本体之美，是道德与审美的合一；那么禅宗主导下的美学思想则侧重于“直

---

① 邹其昌：《朱熹美学思想与中国美学精神》，《武汉理工大学学报》（社会科学版）2003 年第 6 期。

② （宋）邵雍：《皇极经世书》卷 14《观物外篇下》，全四库存目：936。

③ 刘纲纪：《美学与哲学》，湖北人民出版社 1986 年版，第 284 页。

④ 潘立勇等：《宋金元卷》卷 5《中国美学通史》，江苏人民出版社 2014 年版，第 18 页。

觉观照”，突出生命本真之美，是心性与审美的合一。作为一种宗教，禅宗以“禅”和“心性”为本体，其目的是拯救人类灵魂，是对超越生命终极意义问题的关心和追寻，它必然通往一个理想且永恒的终极境界，这个境界就是“佛的境界”，就是“禅悟境界”，就是生命的自由和精神的解放，一种觉悟了的人生境界。若从禅宗自身来看，引用皮朝纲的观点：“禅宗美学是以探究生命的奥秘为目的从而以生命美学的形态体现出人生美学的特点。”[①] 但禅宗的发展，是建立在吸收和融合其他教门思想的基础上，从宗密（780—841）提出禅教合一，直指心性，即禅宗和华严宗的融合，突出华严宗思想，使中国佛教系统化、理论化；到延寿（904—975）提出禅教合一，其思想体系不仅是禅宗和华严，还有天台、唯识、三论等，中国的、印度的都有，具有极大的包容性，如华严宗对完美境界的追寻、天台宗对本真心灵的追问等，“禅宗由顿悟成佛转向诸教合一的实修”[②]。

与理学家修身修心通往审美境界的理性思辨路径不同，禅宗主要是通过直观观照“悟”的方式。皮朝纲说，“‘道由心悟’是禅宗哲学和美学思想的纲骨”[③]，铃木大拙认为，“无悟则无禅，禅的生活是从悟开始的”[④]，这实际上是一条“感性—理性—感性”的超越路径，也就是青原惟信禅师以三十年悟道，而得出的“悟”的三个阶段和三重境界：第一阶段的境界是“见山是山，见水是水”；第二阶段的境界是“见山不是山，见水不是水”；第三阶段的境界是“见山只是山，见水只是水”[⑤]，分别经历了物我分离的实相世界、个体认知的虚幻世界、“空即是色”的本真世界，最终获得心灵的自由，生命的觉悟，进入万物融通、圆融无碍、澄澈和谐的禅悟境界。而儒佛道三教的调适融合，使得禅宗在日常生活中即可获得生命觉悟和超越的禅悟之风，在宋代士人中颇为流行，为关注现实政治性理追求和情系民

---

① 皮朝纲：《佛教美学研究琐议》，《西南民族大学学报》2008 年第 1 期。

② 杨文斌：《延寿、宗密“禅教合一”论的差异》，《安徽大学学报》2009 年第 2 期。

③ 皮朝纲：《禅宗美学思想的嬗变轨迹》，电子科技大学出版社 2003 年版，第 7 页。

④ ［日］铃木大拙：《悟：禅宗存在的价值》，载吴平编《名家说禅》，上海社会科学大学出版社 2003 年版，第 163 页。

⑤ 《五灯会元》卷 17《青原惟信禅师》，中华书局 1984 年版，第 60 页。

族忧患意识的士大夫开辟了生命美学的通道，让进取中的士大夫有了向内的隐退和生命的超越。欧阳修、苏轼等宋代居士，他们以禅观解释自然、现实人生所表现出来的美学思想，用禅观解读艺术现象及其美学思想，反过来也会用艺术原理来解释佛教义理。这是一种人生美学，也是一种心灵美学，是以大乘佛教的义理探索人生的奥秘，获得心灵的平衡安顿，寻找一个安身立命之所，一个理想的人生境界。[①] 以禅宗为主导的美学与理学为主导的美学重写实相反，推崇写意和平淡自然的美学境界。体现在绘画艺术中，就是"以禅入画"，多以山水、植物等题材为主，笔墨由浓趋淡，意境悠远隽永，并突出艺术家个体的心境格调；反映在宗教造像中，则是转向对菩萨，特别是禅僧和罗汉等寻常形象日常状态的塑造，突出禅者之"悟"的内省境界。其美学尚"淡"、重"悟"，追求平淡超逸，蕴含禅意的审美境界。

正如宋代儒佛在学理上的融合是时代使然，那么以理学为主导的美学思潮和以禅宗为主导的美学思潮也不可能截然分开，它们总是互相渗透，尤其在以人物形象为主的宗教造像中，更是通过精微细腻的外观写实传达内在超然了悟的自省境界，在日常生活的具体情态中，传递平淡自然的人生境界。

第二节　崇庆寺宋塑的地域背景

一　北宋前期山西战事纷争

从历史时期的起始上，山西较晚才完全进入北宋，北宋政权虽建立于960年，但并未完成全国的统一，其时的山西北部属北汉统辖，晋阳（今太原）为其国都，经宋太祖和宋太宗两朝讨伐，历十九年，直到太平兴国四年（979）才平定北汉，得"十州、三军、

① 皮朝纲：《佛教美学研究琐议》，《西南民族大学学报》2008年第1期。

四十四县”[①]，完成全国的统一。而山西代州以北，即今天山西北部的大同、朔州，以及忻州的部分地区，则属辽国，直到辽灭亡。随着靖康二年（1127），宋徽宗和宋钦宗父子及皇室和朝臣一众人被金人掠往北方，北宋灭亡，山西版图又归属女真族创建的金代。所以山西宋代仅有北宋时期，且地理空间与今天不同。

国家统一战争结束后，北宋边境又战患不断，前期和辽战，稍后西夏来扰。宋辽国界有一段在山西北部边境，今天的代县、岚县、忻州一带成为宋辽交战的主战线，北宋自太平兴国四年灭北汉后就一直与辽战事胶着，到景德元年（1004）双方签订“澶渊之盟”才停战。民族战争中，北宋政府还在山西促办民兵组织，尤其在宋夏战争中起到了积极作用。另外，宋夏战争中，因与主战场陕西毗邻，山西还是抵御西夏的军事战略后方，曾驻扎大量军队。直到庆历四年（1044）宋夏和约签订，此后山西才逐步进入稳定发展期。

山西长子，今属长治地区，北宋时期称潞州或隆德府。北宋建国初年昭义（今长治市为首府）节度使李筠联合北汉共同起兵反宋，以失败而告终，宋太祖将潞州（今长治地区）、泽州（今晋城地区）攻克收归，此后两处成为宋军北上伐北汉和辽军南下侵中原的战略要地，战事不断。受战事频繁的影响，北宋前期整个山西发展较为缓慢。

二　北宋中后期山西宗教艺术繁荣

直到战事结束，社会局势稳定，到北宋中后期山西经济文化才得以恢复并发展，其宗教艺术也步入稳步发展和繁荣时期。山西宋塑遗存除晋祠在太原外，其余集中在晋东南的长治地区和晋城地区。从经济基础看，由于我国古代生产力低下，经济发展的一个重要指标是人口的增减，北宋太原府（今太原）的人口户数从太平兴国五年（980）的29332户，到崇宁元年（1102）的155263户，其增长幅度

① 周振鹤主编：《中国行政区划通史》，李昌宪《宋西夏卷》，复旦大学出版社2007年版，第133页。

远高于其他府州，人口户数和密度皆为山西首位[①]，其商税也排第一，商业较之其他府州最为发达。北宋隆德府和泽州的人口户数及密度很接近，分别从太平兴国五年（980）的24872户和23239户增长至元丰元年（1078）的52542户和51699户，在山西的24个府州军中排到第5和第6，此外，隆德府商税排第4，泽州商税排第8，都比较靠前。[②]从地理位置看，晋东南地区与北宋都城汴京（今开封）距离较近，长治和晋城处于山西核心太原与北宋都城汴京之间的交通要道上，在意识形态方面受其影响较大。从文化教育方面看，自庆历年间（1041—1048）政府开始大力鼓励办学校兴教育，到宋神宗熙宁年间（1068—1077），当时的河东路（山西）成为国家重点办学的地区之一，潞州和泽州深受其惠。特别是北宋著名的理学家程颢"在北宋治平四年（1067）调任泽州晋城县令，在任三年，以办乡学、兴教育为己任"[③]，在其任职期间创建学校72所，并言传身教，慎选教师，以教育改善社会风尚。程颢在晋城的办学活动，不仅使泽州学风高涨，也带动了整个晋东南，乃至整个山西的教育发展。元丰八年（1085），黄夷仲到晋城考察时作《行县诗》，开首即曰："河东人物气劲豪，泽州学者如牛毛。"山西中后期文化的繁荣，尤其是晋东南地区的文化繁荣，离不开程颢对教育风气的重视，宋代理学家的前沿学术和哲学思想，借教育之风更具体更广泛地传播和渗透到山西地区。

具体到宗教艺术方面。以佛教为例，山西在北宋之前，已经创造了不同时期不同地区杰出的佛教造像艺术，如北部大同北魏时期的云冈石窟造像，北中部北朝发展起来的五台山佛教艺术，其佛光寺和南禅寺留存着珍稀的唐代彩塑，中部太原北齐至唐代的天龙山石窟造像，南部晋城青莲寺的唐代彩塑，以及中部平遥镇国寺的五代彩塑

---

① 吴松弟：《中国人口史》3卷《辽宋金元时期》，复旦大学出版社2000年版，第122—135、第445—446页。

② 吴松弟：《中国人口史》3卷《辽宋金元时期》，第122—135、第445—446页。

③ 山西省史志研究院编：《山西通史》卷4《宋辽金元卷》，山西人民出版社2001年版，第84页。

等，都是我国佛教艺术的重要代表。山西宋塑就是在这样有着连贯的佛教发展历史和浓厚的佛教信仰和造像的基础上发展起来的。

中国古代宗教艺术中的彩塑主要为佛教造像艺术。据有关研究统计①，山西北宋时期佛寺建筑的数量远远大于今天遗存的数量，其中排在前面的有：太原108座，新建47座；五台山地区106座，新建31座；长治地区50座，新建21座；晋城地区41座，新建14座，数量可观。遗憾的是，留存至今的北宋佛寺建筑仅16座，佛教造像仅3处，当时的太原和五台山地区佛教建筑数量均上百所，今天却无一尊佛教彩塑遗存，太原唯一一处晋祠宋塑遗存属儒教彩塑。仅以北宋时期山西佛寺建筑的数量及其地理位置分布为例，今天遗存下来的山西宋塑完全无法再现当时的实际规模。所幸的是，和全国北宋时期其他地区的寺观彩塑遗存相比较，山西宋塑的数量可观，质量上乘，保存完好，而且宗教类型全面，其造像艺术能够充分体现北宋以来宗教世俗化，三教融合的时代特征。遗存至今的山西宋塑全部属于全国文物保护单位，六处，共196尊，包括：

儒教彩塑一处：

北宋天圣年间（1023—1032），太原晋祠圣母殿，共41尊。

佛教彩塑三处：

北宋景德四年（1007），晋城青莲寺下寺弥勒殿，12尊。晋城青莲寺上寺：北宋元祐四年（1089），释迦殿，4尊；北宋建中靖国元年（1101），观音阁，19尊，地藏阁，12尊。共35尊。晋城青莲寺上寺和下寺宋塑，共47尊。

北宋元丰二年（1079），长治长子崇庆寺三大士殿，共19尊。

北宋政和元年（1111），长治长子法兴寺圆觉殿，10尊；北宋政和元年（1111），圆觉殿十二菩萨像，12尊；共22尊。

道教及民间彩塑两处：

北宋熙宁九年（1076），晋城府城村东岳庙昊天玉帝殿，51尊。

北宋大观年间（1107—1117），晋城小南村二仙庙正殿，16尊。

---

① 郝宝妍：《北宋山西地区佛寺分布研究》，硕士学位论文，山西大学，2018年，第22页。

以上六处山西宋塑遗存，时间上贯穿整个北宋时期，地理上主要集中在晋东南地区的长治和晋城，特别是类型上儒、佛、道兼有，这种情况较为罕见。从宗教造像艺术的发展变化上看，我国早期北方兴盛的石窟雕像和彩塑以印度佛教、本土民族、地域民族的样式风格交融为特点，北魏时期山西云冈石窟佛像中先后出现的犍陀罗风格和褒衣博带样式，即为典型代表。五代北宋以来中原寺观兴建、寺观彩塑艺术勃发，呈现出本土化、世俗化的巨大改变，这种变化主要体现为受本土儒家思想主体地位确立的影响，宗教出现了明显的入世倾向。具体表现在题材内容上，多以菩萨、罗汉、侍女等为主要塑造对象，以往佛像的庄严妙好代之以世俗情味和人间氛围；形式方面，彩塑的尺寸缩减，组合中的主像和辅像比例接近，宋代的宗教造像失去了汉唐时期的豪迈、恢宏气势，转而在细腻的写实中传达出婉约、优雅的美学特征。

综合山西宋塑题材内容的变化、艺术水准高度和保存良好的情况，本书选取了长子崇庆寺宋塑为具体研究对象，作为山西北宋中后期的佛教彩塑艺术代表，其内的三大士和十八罗汉造像艺术，从题材变化、样式组合和艺术形式方面，足可以代表山西北宋时期佛教艺术的巨大成就和时代特征。同时在山西宋塑内容和形式的一系列变化中，渗透着北宋时期的宗教思想、信仰中心以及美学思想的转变，寄托着北宋人的人生审美理想。

第二章　崇庆寺宋塑考

佛教是一种系统的宗教，自身形成一整套的经、律、论以宣教弘法，同时通过建寺、塑像、绘画等感性形象作为重要的弘法手段，以增强和扩大对佛教的传播和普及，营造一种悬置于现实之上的美好幻景，将人们引向幸福的彼岸。佛教艺术中的审美形式和审美理想都是在宣扬宗教教义和内容，而不是创造美、创造欣赏的对象。我国古代雕塑遗存主要是佛教雕塑，早期以北方大型石窟寺造像为主，五代、北宋以来石窟寺造像式微，而寺观造像勃兴。早在北魏时期佛教就获得了“国教”的统治地位，并随着现实的改变和历史的发展不断被改造，至中唐达到了它的极盛时期，转变为中国化的禅宗。伴随着北宋以来宗教的进一步世俗化，佛教与世俗儒学合流，禅宗盛行，融入了儒教之教化功能，配合儒学共同维护现实社会的封建制度和伦理道德秩序，由思辨佛学走向了践行宗教。

禅宗将信仰和生活完全统一起来，僧人修行参禅是与常人一样的吃饭、睡觉、过寻常日子，但精神境界是超脱的、自由的。至此，宗教艺术也转变为一种世俗艺术。在内容的选择上，菩萨、罗汉成为重要的表现对象；在形象塑造上，这些宗教信仰中的“神的形象已完全人间化、世俗化。宋代雕塑则充分体现了这一特征”①。在形式表现上，佛、菩萨、罗汉的尺寸缩小，比例趋同，尤其是罗汉形象，其样貌、身高、状态与其时的普通僧人几无二致。

① 李泽厚：《美的历程》，生活·读书·新知三联书店2009年版，第126页。

第一节 三大士殿宋塑造像与建筑空间

一 彩塑造像时间考

崇庆寺位于山西省长治市长子县东南二十余里的紫云山中，是1996年国务院公布的第四批全国重点文物保护单位之一。寺院选址讲究，坐北朝南，三面环山，后倚紫云山主峰，东、西次峰则伏于寺院两侧，颇具气势。正是松柏苍翠掩古寺，紫云山中藏古塑。寺院规模不大，为一进院落，现存建筑的分布，由南到北纵贯中轴线依次为山门、天王殿和千佛殿，千佛殿为主殿。中轴线东侧建有关帝殿（东南隅）、卧佛殿（中），西侧建有三大士殿（中）、阎王殿（西北角），东北角建禅房，其中千佛殿与天王殿相对，卧佛殿与大士殿相对，其余建筑位置相对自由。寺院整体呈四合院布局，东南立门，基本符合“坎宅巽门”结构。《山西通志》中记载：“崇庆寺，在县南四十里紫云山下，宋大中祥符九年建。”① 寺内所存清代嘉庆三年（1798）碑刻《重修崇庆寺碑志》（图1）亦记载：“追宋大中祥符九年而寺始建，千佛殿居其北，卧佛殿居其东，大士殿居其西，天王殿居其南，东南立门，门之东建关帝殿，西北建十帝并鬼王殿，西南又立给孤长者殿，东北一院为禅舍。”② 由以上文献、史料可知崇庆寺始建于北宋大中祥符九年（1016），即宋真宗第三个年号（1008—1016）的最后一年，且规模布局基本吻合。一般来说，“宋代禅宗盛行，佛教建筑群的布局受宫室和世俗地主宅第影响，通常是在山门、天王殿、大雄宝殿等构成的中轴线两侧翼的配殿，对称地构筑罗汉堂、报本堂（祖师堂）和迦蓝殿、客堂”③。按此，崇庆寺整体构成

---

① （清）储大文：《山西通志》卷169《寺观二》，中华书局2006年版，第4291页。

② 寺内碑刻《崇庆寺重修碑志》（清嘉庆三年，1798），碑上记载“追宋大中祥符九年而寺始建”。

③ 李松主编：《五代宋寺观造像》2卷，《中国寺观雕塑全集》，第8页。

符合宋代佛教建筑群的布局，十八罗汉像所在的三大士殿为西配殿，其位置和性质当属宋代罗汉堂的典型之例。

姜铮认为："千佛殿不但具有典型的北宋样式特征，而且保留了数量较多的原初构件。"① 柴泽俊认为三大士殿"殿内梁架宋代形制未变，梁枋断面多为3∶2，造作手法仍是宋制"②。以上两个结论则从实物考证上，一方面确证了文献中记载的崇庆寺初建时间；另一方面确证了崇庆寺内现存两处具有宋代特征的殿宇，一是千佛殿保留宋建原构；二是三大士殿虽经清代重修外檐，但其殿内梁架形制和造作手法仍然保持宋制。

崇庆寺宋塑主要遗存于西配殿三大士殿内（图2）。主像"三大士"之中尊观音菩萨像和十八罗汉像为宋塑遗存，共19尊，它们保存较为完好，具有极高的艺术价值。三大士像居于明间佛坛上，在佛坛底座的束腰处，砖刻着布施人名称及砌造时间③（图3、图4）④。十八罗汉则对称塑于佛坛两侧南、北两次间依墙而砌的长坛上。结合观音像和十八罗汉群像的造像特征，可确定为宋代作品，塑造时间为北宋元丰二年（1079）。著名雕塑家钱邵武先生曾赞誉崇庆寺十八罗汉像为"宋塑之冠"，李松亦给予高度评价："宋代罗汉造像，水平最高的是山东长清灵岩寺、江苏吴县甪直保圣寺、山西长子崇庆寺的彩塑罗汉群像。"⑤

主殿千佛殿现存彩塑主像为"华严三圣"组合。主佛毗卢遮那佛及其左右的文殊和普贤二菩萨像的造像风格，和三大士殿的彩塑明显

---

① 姜铮：《山西省长子县崇庆寺千佛殿实测尺度与设计技术分析》，《建筑史》2018年第6期。

② 柴泽俊、柴玉梅：《山西古代彩塑》，文物出版社2008年版，第43页。

③ 砖面雕刻铭文两块，内容分别为：北侧"西琚村维那琚雅（继）、琚琮、张言、孙清、陈清 牛德，程村程锡，地河村郑成、张受、赵□，□□（琚）村维那琚俊、并妻郭氏，共管佛前地花。元丰二年二月内砌造，刊砖（坛）人郭丰，功德处僧继恩（思）"。南侧"上霍村维那王清，交李村维那李胜，应城村张嵩、田亮，和谷村王志、王寰、王宗、王间 、李昱，东琚村王和、郭宗，莹（北玉）村李德、马简、王德，西八村王饶、王敏、王普，东八村郑溆、焦贵、赵诚、王衮"。

④ 崇庆寺碑刻及彩塑图片由郭秋英和作者本人拍摄，彩塑位置平面图和彩塑线图均由作者本人绘制。

⑤ 李松主编：《五代宋寺观造像》2卷，《中国寺观雕塑全集》，第7页。

不同，有明代特征。二菩萨像的背光后则各悬塑一尊观音菩萨像。此外，扇面墙背面亦塑有倒坐观音菩萨像一尊。作为主殿彩塑，其题材样式对本文在造像思想渊源方面有重要的参考价值。

自唐以来，一是盛行菩萨信仰，尤以观音菩萨造像为主；二是随着禅宗的发展，唐末、五代以来，罗汉群像造像较为普遍，十六罗汉、十八罗汉、五百罗汉比较多见，尤其是罗汉群像题材的出现，更多是以留存的绘画和雕塑实例为依据。

二 彩塑与三大士殿

崇庆寺三大士殿，也叫罗汉殿，即西配殿。殿坐西向东，面阔三间，长约 8.39 米，进深四椽，宽约 7.70 米，面积约 64.6 平方米，本为悬山顶，清代改为封裹檐硬山顶。[①] 殿内当心间靠西墙筑有近方形佛坛，南北长约 3.70 米，东西深约 3.66 米，高约 0.57 米，平面约 13.5 平方米。紧接佛坛两侧，依南、西、北三面墙围筑对称长坛，北次间长坛高 0.64 米，深 0.85 米；南次间长坛高 0.66 米，深 0.93 米（南北长坛尺寸出入应属时间推移及后期不断修缮渐次而成）。

三大士殿内的彩塑，为“三大士”菩萨像和十八罗汉群像组合，共 21 尊，各像皆为坐像。根据菩萨像和罗汉像的果位区别，结合殿堂空间，均衡对称地分布于明间和南、北两次间（图 5）。

观音菩萨像与左右两侧的文殊和普贤二菩萨像组合成“三大士”像，为主像，居于殿内当心间中心位置的方形佛坛之上，其信仰模式及造像样式为佛教“三圣”的新型组合形式。观音像居中，通高 2.63 米，其左（北侧）为文殊菩萨像，通高 2.44 米，其右（南侧）为普贤菩萨像，通高 2.40 米，这组造像中的文殊菩萨像和普贤菩萨像为今人复制（图 6）。[②]三大士像各坐莲台，骑乘专属的庞大坐

① 柴泽俊、柴玉梅：《山西古代彩塑》，文物出版社 2008 年版，第 45 页。

② 本文作者通过电话方式联系并求证于山西长治彩塑艺术研究院院长、雕塑家史延春，即三大士殿内文殊和普贤菩萨像的塑造者。史延春于 2003 年对崇庆寺三大士殿的宋塑进行复制和修复。其中观音菩萨像因主体造型遗存较完整，以修复为主，基本保持原貌；文殊和普贤菩萨两尊塑像则是艺术家在当时资料不充分的前提下，参考观音菩萨造像、原塑图片资料、并结合自己的理解塑造而成。三尊像的坐骑皆为宋代原作，未经改动。

骑，形成稳定的等边三角形布局。观音菩萨像的坐骑为金毛犼、文殊菩萨像的坐骑为青狮、普贤菩萨像的坐骑为白象，各坐骑分别塑于山石底座之上。十八罗汉像则对称围合分布于三大士像的两侧，塑于南、北次间依墙而筑的长坛上。两侧长坛上各塑有9尊罗汉坐像，共18尊。十八罗汉像分别坐于独立的山石座或须弥座上，诸像通高在1.52—1.66米之间。罗汉像体量略大于真人，既视感接近真人大小。

三大士像起坐处约与罗汉像头顶高度为同一水平线。在整体高度比对上，三大士像通高约为罗汉像的2倍。依三大士像和十八罗汉像的位置及体量对比，形成殿内塑像的主从序别。

第二节　三大士殿宋塑

一　明间彩塑

明间彩塑即位于佛坛上的“三大士”像。中尊观音菩萨坐像居中、坐骑横置，文殊菩萨与普贤菩萨坐像分别位于观音菩萨像前方的左右两侧，侧身相向对称而坐。二菩萨像的坐骑位置则平行相对，与观音菩萨的坐骑呈垂直之势。

观音菩萨像，居佛坛中央靠后墙，通高2.63米，净高1.71米。以正面自在坐姿端坐于金毛犼背上的莲座之上，[①] 端严娴雅。观音菩萨为中年像，身形秀颀，略低头含颏。头梳高髻、戴镂空高华冠，额前头发对称涡卷、整齐分绺，两侧发辫长垂及两肩。面型长丰秀美，前额平滑、中置白毫，双耳长垂，眉峰如山、双目垂帘下视，鼻端而秀、唇若点樱，整体面相偏于中性。观音菩萨像上身袒露，披青绿色天衣、璎珞

---

① 自在坐，从图像样式的溯源上看，首创于唐周昉的“水月观音”。《历代名画记》记载：“菩萨端严，妙创水月之体。”（张彦远：《历代名画记》，浙江人民美术出版社2016年版，第163页。）从佛教经典来源上，来自《华严经·入法品界》中善财童子五十三参，其中的第二十七参访补怛洛迦山的观音菩萨。从现存实物造像上看，“屈腿式自在坐”是最多见、随意自然的坐姿。

(已失)，下身着裙，蓝色外层及膝，红色里层及踝，裙边均饰以金色沥粉装饰纹样，里层裙膝盖处饰以团状沥粉纹饰。裙裾薄软贴体、柔垂下坠。观音菩萨像为屈腿自在坐，即右腿屈起、膝盖向上，赤足踏于莲花台座上；左小腿自然下垂、赤足落于莲花足踏。右前臂抬起以腕轻搭于右膝上、柔骨纤秀的手自然下垂，手中轻握天衣飘带；左臂则于身侧竖直撑于莲座上（图7、线图1）。观音菩萨像的坐骑为金毛犼，横伏于佛坛西侧中间的岩石座上（岩石座高0.39米），身长1.90米，头顶至地面高1.20米，精壮稳健。金毛犼挺颈扭首向前，瞠目竖耳，四爪伏地，红尾高翘，装饰精细华丽，驯服中见威严。

观音像前方，其左为文殊菩萨像、右为普贤菩萨像。原塑已毁，现殿内两塑像为仿旧制的新塑。两胁侍菩萨像的造型、服饰同观音菩萨基本保持一致，她们含颏低首，斜侧身相向而坐，成对称状。坐姿同中见异，皆两腿垂足而坐，双臂一抬一放、右手说法印、左手持物。文殊和普贤菩萨像的坐骑青狮与白象皆为宋塑，它们竖直而置，彼此平行，与金毛犼呈垂直之势。青狮像身长1.79米，青狮头昂起略往外侧偏、面向内侧；白象像身长1.54米，白象头则扬中见颔，以象鼻内卷回转，两坐骑呈一高一低之势，眼神相对，向内呼应。三大士像整组造像呈以上求佛道为主的清净修行道场。

二　北次间彩塑

南、北次间紧接佛坛左右、依墙围筑长坛，坛上各塑罗汉像9尊，左右对称，共18像。其中南、北两墙前所塑为单体罗汉像，西墙前三大士像左右两侧则为共坐同一底座的双罗汉像，十八罗汉像皆为坐像。

北侧由东向西第1像，第四罗汉，苏频陀尊者（俗称托塔罗汉），寓佛主常在心中。中年汉僧像，坐须弥座，座高0.63米，足踏高0.27米；像通高1.55米，净高0.97米（图8、线图2）。身体端正圆润，儒雅高贵。头微向右转、下颏略抬起，长眉入鬓、双目炯炯，鼻挺唇坚，气定神闲。着衣二层，为宋代典型僧衣样式，由内而外依次为：偏衫（衬衣）、直裰（中衣）、袒右式袈裟（外衣）。[1] 偏衫和直裰皆为右衽交领衣，直裰衣领整齐压叠着偏衫衣领，偏衫仅露领边和左右袖口，左袖口为卷边。直裰为绿色广袖长衫，垂及足面，因外披袒右式袈裟，直裰可见右肩、右袖、左袖口及底边沥粉衣缘，其宽边领缘和衣缘皆满饰细密的沥粉花卉纹样。外披袈裟的割截条为杂色，以宽边金色沥粉纹样间隔；右衣角自右腋下绕向左肩，于左肩处以钩纽固定；袈裟上覆左肩绕左臂，下搭垂于腿部和须弥座。其衣较厚，衣纹起伏明显，自上而下纵横承转，立体感明显，刻画写实精细。立体衣纹与趋于平面的沥粉纹样交相辉映，装饰感强烈。尊者右腿盘曲，左腿以足踏座屈膝撑起，坐姿洒脱自在。右臂下垂，伸掌抚于右膝，左肘支膝，前臂上举，手掌平伸托塔（塔已失）。右足着袜，右履脱下平放座底，左足穿云头履。罗汉像坐束腰须弥座，平面为六边形，弧形莲瓣式边缘，立面为三层双束腰样式，上下层凸出、中间层退回，台座覆巾为红底弧形边、平展垂搭于须弥座前侧，上饰沥粉龙纹。足踏为双层须弥座，上层平面为两片大莲瓣组合，束腰处饰以两层仰莲瓣，下层平面为前窄后宽的梯形，上铺荷叶状覆巾垂搭于立面。

北侧由东向西第2像，第十七罗汉，难提蜜多罗，迦叶尊者（俗称降龙罗汉）。[2] 中年梵僧貌，侧身挺腰坐于山石座，座高0.63米，

---

① 崇庆寺宋代部分罗汉像的僧衣为五代以来汉化僧衣的典型样式，即三层衣。由内到外分别为：偏衫、直裰、袒右式袈裟。它们是在印度僧衣的基础上，为适应汉地风土环境而做的汉化改制：偏衫是将袒右肩的僧祇支（常服助身衣）改造为交领双袖样式；直裰是偏衫加裙的交领双袖长衫；袈裟基本保持了印度僧衣“三衣”中的外衣僧伽梨的样式，亦称“福田衣”，“喻示仿稻田制衣以养慧命”，为保持着装整齐并固定，在左肩处安钩纽，穿着一般袒露右肩，故称袒右式袈裟。参见陈悦新《佛衣与僧衣概念考辨》，《故宫博物院院刊》2009年第2期；王振国《偏衫与直裰》，《石窟寺研究》（第二辑）2011年。

② “十八罗汉”并未在任何佛教经典中有专门记载，而是在十六罗汉信仰传入我国后，在其造像础上新加两位罗汉形象而成。根据其时北宋中期罗汉造像的遗存实例，新加的两位尊者具有鲜明的符号特征，即配合罗汉本尊出现的龙和虎的动物形象，这种造像样式应来自民间罗汉信仰衍生的造像新样式，故新增的两尊罗汉，分别为第十七尊降龙罗汉和第十八尊伏虎罗汉。参见于向东《五代、宋时期的十八罗汉和信仰》，《美术与考古》2013年第4期。

线图 1 崇庆寺三大士殿明间观音菩萨像 线图 20 厘米×29 厘米

足踏高 0.21 米；像通高 1.57 米，净高 1.39 米（图 9、线图 3）。通身赤色，体态雄阔健硕。巨额蹙眉，须眉浓黑、虬髯络腮，深目圆睁，张鼻龇牙，面目凶狞，扭颈抬首望向斜上方。内着深蓝色袒右式僧祇支，自右侧腰部向上挂披于左肩，露腰腹部窄边和左小腿部，左膝部可见大面积沥粉纹样。外亦披袒右式袈裟，上饰团状的沥粉纹样，亦自右侧腋下腰部向上挂披于左肩，搭在左臂，披覆下身。衣缘作密匝宛转曲绕的荷花边，衣纹自上而下成条状凸起，稠密绵长，随身体结构和姿态，均匀流动，造型飘逸。右肩、右膊和胸口裸露，头、肩及上身侧转挺直，右臂前伸绕于腹前、手中握珠，左臂以肘后撑、前臂平伸手掌向上、掌心有托物残痕，原像应是手中托钵。双膝打开，赤足巨硕，右小腿前伸右足外蹬，左小腿回收内倾，左足内收、弯趾撑地。尊者扭首瞠目望向斜上方，目光所及处，是一条正缠绕在前殿梁架上的飞龙。尊者头、手、足与体势一气呵成，以目降伏、以珠招引，正所谓降龙罗汉。造型上，既与左右僧人形成梵、汉僧人形体之别、性格之异，同时又有动静相间、朱白色相对，且以地面僧人与空中梁架间飞龙呼应，将主体塑像、殿堂空间与结构有机整合，可谓构思精巧，浑然天成。

北侧由东向西第3像，第十一罗汉，罗怙罗尊者（俗称沉思罗汉或密行罗汉），释迦牟尼之子罗睺罗。少年汉僧像，双手拢袖，结跏趺端坐于须弥座，座高0.58米，足踏高0.28米；像通高1.60米，净高0.91米（图10、线图4）。体态丰隽，眉清目秀，双目闭合，双唇轻抿，恬淡沉静。着衣三层，内层青绿色偏衫，仅见露出的左右袖口。中衣直裰为橘红色右衽交领广袖长衫，垂及足面，露右肩、衣领、右袖和左袖边，宽边领缘和衣缘饰沥粉花卉枝蔓纹样，肩部、肘部饰团状沥粉花卉枝蔓纹样。外披袒右式袈裟，割截条为杂色，以宽边金色沥粉纹样间隔，右衣角由右腋下向上搭于左肩，袈裟缠绕左臂。直裰右袖和直裰左袖、袈裟左幅分别悬垂于须弥座立面两侧，衣纹相似，对称而置。其衣纹偏厚，衣褶起伏叠压，立体感明显，写实中见装饰感。像悬裳覆座、双履置踏。罗汉像之须弥座，平面为六边形，立面为三层双束腰样式，上层和中层退回，下层凸出。足踏平面为矩形，立面为双层束腰须弥座。须弥座立面中部悬裳覆坛，垂纹层叠曲绕，与两侧衣纹连成一体，褶纹优美，形式对称。须弥座硬朗的直线和简洁的几何形态，与细腻密布、生动起伏的衣纹形成鲜明对比，更衬托出尊者沉静忘我的禅定状貌。

北侧由东向西第4像，第六罗汉，跋陀罗尊者（俗称过江罗汉）。老年汉僧像，坐山石座，座高0.68米，足踏高0.18米；像通高1.60米，净高1.45米（图11、线图5）。身体瘦削挺正，上身侧转，左肩向后撤、右肩往前送。下身垂膝端坐，正面向前。头尖面长，颧骨高耸，颌骨方正，满脸密布着盘旋回绕的皱纹，分布均匀、对称，眼睑细长如波、向右下方斜视，鼻翼上提鼻孔张开，大嘴厚唇紧闭下拉，表情严肃略带嫌恶状。上身着衣可见两层，内层为黄色直裰广袖长衫，垂及足面，两袖及左小腿部，领缘及衣缘为宽边，加饰植物沥粉纹样。直裰右衽交领下拉敞开，露枯瘦胸部，肋骨毕现，纹路匀整对称。疏朗的肋骨短纹和松弛的肌肤长纹上下呼应，更像是考究的曲线纹样，与直裰宽边领缘繁复细致的沥粉花卉纹样形成疏密对比。外层袈裟自腰腹部由后向前围裹，缠绕左臂，下垂搭于腿部和须弥座。割截条为杂色，以宽边金色沥粉纹样间隔。左腕可见衣袖三层，露一截内层绿色窄袖，或为偏衫衣袖。中层直裰广袖顺膝而垂，外层袈裟左衣幅覆于其上。衣服偏厚，左臂一侧袈裟衣纹堆聚，起伏翻卷，塑造生动精彩。双臂下垂，右手于身侧撑座，一三足蟾伏于尊者右膝上似要蹿走，尊者则向右伸出左手握持其后肢。双膝打开、左低右高，双足聚合、右前左后，双脚穿圆头僧履。整尊像的塑造极尽写实又极尽夸张，可谓形意贯通。罗汉像之山石座，雕刻为自然山石禅座，突出罗汉于山水间自在修为的特点。

北侧由东向西第5像，第八罗汉，伐阇罗弗多罗尊者（俗称笑狮罗汉）。中年汉僧像，坐须弥座，座高0.69米，足踏高0.23米；像通高1.58米，净高1.38米（图12、线图6）。身形丰隽，侧身挺立，朝向殿门方向。其面长圆方正，上眼睑下垂、眼神严中带慈，鼻直口正，清秀雅致。着衣三层，内层偏衫右衽交领仅露黄色领边和绿色左袖口，中衣直裰为蓝色右衽交领广袖长衫，垂及足面，露右肩、右袖、左袖口和左腿部，其领缘衣缘为金色沥粉菊花纹样。外披袒右式袈裟，左肩处有钩纽，割截条为杂色，以宽边金色沥粉纹样间隔，上覆左肩绕左臂，下垂披于右腿及两腿间和须弥座。其衣较厚，褶纹起伏明显，刻画真实夸张，装饰感强。右臂自然垂搭于右腿以手覆右膝，左上臂贴体，前臂抬起前送、左手食指伸出做指物状。双膝分而落座，右足自然放于足踏右侧，足踏左侧卧一昂首翘尾小狮，尊者左足抬起，以履底轻踏小狮。尊者视线顺左手食指尖注视斜下方，和第四尊者眼神方向一致，形成形象间的关联互动，颇具情节性。罗汉像坐须弥座，简洁方正，平面为矩形，立面为三层双束腰样式，上下层凸出、中间层退回，足踏为单层矩形加圭角底座。

北侧由东向西第6像，第十六罗汉，注荼半托迦尊者（俗称看门罗汉）。中年梵僧像，坐山石座，座高0.66米，足踏高0.18米；像通高1.58米，净高1.42米（图13、线图7）。形体适中，头鼓面圆，赤面浓眉，耳大鼻丰。双目圆瞋，凝视左前方。溜肩略窄，微含胸凸肚。着衣三层，内层偏衫为绿色右衽交领，露黄色领边、绿色右袖口和左袖边。中衣直裰为绛色右衽交领广袖长衫，垂及足面，腰间系带，露胸腹部、右袖、左袖边和左小腿部。其领缘衣缘为金色沥粉植物纹样。外披袒右式袈裟，杂色割截条以宽边黄色沥粉纹样间隔，左侧披覆左肩左臂，右侧则自腰际向下缠裹右腿，向左横搭于左前臂并与直裰长袖一并垂搭于山石座。衣褶翻转涡卷，写实且装饰感强。左臂贴体，前臂伸展，平置于左腿上，手掌向上握回，食指前伸。右前臂举起，手呈握物状（物已失）。右腿提足盘曲平置于岩石座，左腿自然下垂，踩踏在岩石足踏上。双足穿僧履。岩石座前立面露平展的红色覆巾、弧形边缘。

北侧由东向西第7像，第三罗汉，迦诺迦跋厘堕阇尊者（俗称举钵罗汉）。老年汉僧像，于西北墙角端坐须弥座，座高0.67米，像通高1.54米，净高0.97米（图14、线图8）。尊者正面坐于须弥座对角线，朝向东南方向，不苟言笑，脊骨嶙峋，瘦削劲健。面容枯瘦、皱纹规整对称，虬眉浓结，上眼睑下垂，双目向下凝视，长耳短鼻，上唇抿回、下唇送出、紧紧闭合。仅着单件袒右式袈裟，自右胸下方向上绕搭于左肩，于左肩处以钩纽固定，覆左肩绕左臂及下身，再延及须弥座垂搭于座侧缘。袒露前胸、右肩和右臂，裸露处肋骨毕现，皱纹匀整对称，塑作如饰。袈裟割截条为杂色，以宽边金色沥粉纹样间隔。右臂贴体自然垂下、扶岩石座。右腿盘曲于座，左腿抬起左足蹲于座面，左前臂自然搭在曲起的左腿膝部。赤足无履。坐姿自然随意、表情凝神敛气。须弥座平面为正方形，立面上下叠涩两退两出。足踏亦为单层矩形加圭角底座，足踏与须弥座相连，仅正面有两圭角足。

西侧由东向西第8像（西墙北侧），第一罗汉，宾度罗跋啰惰阇尊者（俗称坐鹿罗汉），寓高官厚禄。壮年汉僧像，侧身端坐岩石座，与因揭陀尊者像同坐一岩石座，座高0.64米，像通高1.56米，净高1.45米（图15、线图9）。头披黑色红里僧帽，身形秀润，面庞丰腴，五官精致，姿容俊朗，塑工精细。弯眉立目、远眺的双目炯炯有神，鼻挺嘴秀，双唇紧闭嘴角微微上挑，呼应飞扬的外眼角。神色端庄清高，风姿洒脱隽逸。着衣三层，衣冠整肃。内层偏衫为浅色绲边右衽交领，仅露出领边和袖边。中衣直裰为青绿色右衽交领双袖长衫，垂及足面，露右肩右袖、左袖口及左小腿部，脚踝处可见内层裤脚，宽边领缘和衣缘饰花卉枝蔓沥粉纹样。外披袒右式袈裟，割截条为杂色，以宽边金色沥粉纹样间隔，右衣角由右腋下向上搭于左肩，缠绕左臂，垂搭下身。左腕部可见三层袖口（两层浅色绲边袖口边和一截黑色翻边袖），外加袈裟披覆。其衣纹厚重起伏，立体感显明。右前臂抬至腹部位置，平放在高出的岩石上，右手向上握一细长状物，左前臂横抱于腹部以手心搭覆于右前臂。双腿垂地、膝分足聚。足蹬僧履，右足收回足尖触地、足跟立于岩石座，左足略微平伸、露出圆头履尖。

西侧由东向西第9像（西墙北侧），第十三罗汉，因揭陀尊者（俗称布袋罗汉）。中老年汉僧像，与宾度罗跋啰惰阇尊者同坐一岩石座，座高0.64米，足踏高0.16米；像通高1.52米，净高1.41米（图15、线图9）。解衣袒胸，大腹便便。头光圆脸，五官聚拢，长耳向肩垂，粗眉眯眼，外眼角向下拉，鼻翼和嘴角往上翘，张口露齿，笑容可掬。着衣两层，内层直裰为橘色广袖长衫，敞领露胸腹，垂及足面，领缘及衣缘为宽边加饰沥粉植物纹样，两膝部可见团状沥粉纹样。外层袈裟自腰腹部由后向前绕腹向左肩上搭，绕左臂，下垂缠搭于腿部和须弥座。割截条为杂色，以宽边金色沥粉纹样间隔，衣厚褶多，塑造精确生动。双臂分垂体侧，右手伸掌抚物，左手收握袋口。左腿自然垂落、赤足踏于岩石。右腿盘曲打坐，赤足收于腹前。一派超凡脱俗、洒脱不羁的神人相。

北次间第 8 像和第 9 像同坐一岩石座，侧身相对。二尊者的年龄一老一壮、体态一胖一瘦、姿势一松一紧、衣衫一开一合、神情一乐一严，在对立统一中和谐共存，取各自寓意，或有“福禄”之意。南次间西侧南面第 8 像和第 9 像亦合坐于同一岩石座，二尊者年龄相仿，一正一侧、一静一动，似有“寿喜”之意。这种谐音寓意，充分体现出民间造像的生活化特点。南北次间主像两侧的双罗汉像对称呼应。

线图 2　崇庆寺三大士殿北次间北侧由东向西第 1 罗汉像 线图 20 厘米×29 厘米

线图 3 崇庆寺三大士殿北次间北侧由东向西第 2 罗汉像 线图 20 厘米×29 厘米

线图 **4**　崇庆寺三大士殿北次间北侧由东向西第 **3** 罗汉像 线图 **20** 厘米×**29** 厘米

线图 5　崇庆寺三大士殿北次间北侧由东向西第 4 罗汉像 线图 20 厘米×29 厘米

线图 6 崇庆寺三大士殿北次间北侧由东向西第 5 罗汉像 线图 20 厘米×29 厘米

线图 7　崇庆寺三大士殿北次间北侧由东向西第 6 罗汉像 线图 20 厘米×29 厘米

线图 8　崇庆寺三大士殿北次间北侧由东向西第 **7** 罗汉像 线图 **20** 厘米×**29** 厘米

线图 9　崇庆寺三大士殿北次间西侧由东向西第 8、9 罗汉像 线图 20 厘米×25 厘米

三　南次间彩塑

西侧由东向西第 9 像（西墙南侧），第五罗汉，诺距罗尊者（俗称静坐罗汉）。青年汉僧像，结跏趺坐岩石座，与尊者戍博迦像合坐同一岩石座，座高 0.64 米，足踏高 0.20 米；像通高 1.64 米，净高 1.03 米（图 16、线图 10）。体量匀称，正襟危坐，神情恬淡超然。面丰肤润，五官周正，温润俊朗。垂眼睑，立眼角，翘嘴角，耳秀鼻端，略含下颏。着衣三层，内层偏衫右衽交领仅露黄色领边。中衣直裰为青绿色右衽交领广袖长衫，裹住身体，露右肩右袖和左膝部，其领缘衣缘为金色沥粉植物纹样。外披袒右式袈裟，割截条为杂色，以宽边金色沥粉纹样间隔，右衣角自右腋下向左肩披搭，至左肩以钩纽固定，上覆左肩绕左臂，下裹腿部，直裰广袖和袈裟衣幅在身体两侧分别被掖压于座，对称悬垂。其衣较厚，褶纹繁复起伏，纵横交汇。双手拢袖，双足裹于衣内，双履静置足踏。尊者结跏趺静坐于岩石座，虽身处众罗汉论典辩经的热烈环境中，却若沉浸于寂然无人之境。常驻世间的罗汉，虽呈俗相，足具神性。岩石座上覆蓝边红色方巾，上有袈裟悬垂覆坛，褶纹层叠流转，与两侧衣纹形成整体，形式对称。

西侧由东向西第 8 像（西墙南侧），第九罗汉，戍博迦尊者（俗称开心罗汉，此处“开心”意为尊者解衣显露心中藏佛的意思）。青年汉僧像，与尊者诺距罗像合坐同一岩石座，座高 0.64 米，像通高 1.64 米，净高 1.47 米（图 16、线图 10）。上身略向右探出，头部略向右转，面露微笑，满脸专注。面丰颈颐，五官俊朗，秀耳立目，鼻梁挺立，合嘴闭唇。着衣三层，内层偏衫仅露左右蓝色袖口，中衣直裰为红色右衽交领广袖长衫，垂及足面，露右肩右袖和左小腿部，右广袖长垂于膝下，其领缘衣缘为金色沥粉菊花纹样。外披袒右式袈裟，割截条为杂色，以宽边金色沥粉纹样间隔，上覆左肩绕左臂，下垂披于两腿部。其衣质地较厚，褶纹起伏夸张形态自然。左右前臂抬起平举于胸腹部，左腿曲起，足蹬台座，左前臂搁置在屈起的左腿上，左手作兰花指、手背向上自然下垂；右手亦如兰花指、手心向上，右手背置于左手背上。岩石座上覆沥粉饰边的蓝色方巾。尊者一扭头、一曲腿，那手势、那神情，都传递出一种忘我出神的状态。一边与左侧同座的尊者在形式组合上构成一组和谐整体，一边又与另一旁右侧的演说辩论尊者们形成互动之态。

南侧由东向西第 7 像，第十二罗汉，那迦犀那尊者（俗称挖耳罗汉）。中年梵僧像，端坐须弥座，座高 0.73 米，足踏高 0.27 米；像通高 1.62 米，净高 1.38 米（图 17、线图 11）。身姿挺拔健壮，表情夸张怪异。赤面黑髯，蹙额粗眉，深目大鼻，扭颈龇牙、颈筋爆表，颜面扭曲。似闲逸作怪、自得其乐；又似与人争辩、面红耳赤。内着浅色僧祇支，覆右肩绕右臂、露左膝及小腿部，残留沥粉纹饰。外披袈裟，亦自右侧腋下腰部向上甩搭于左肩，再经背后一端上覆右肩头。袈裟覆搭左肩，垂绕左臂，披覆下身，上饰团状的沥粉纹样。赤色胸口裸露，可见部分胸腹肌肉。两层衣纹皆自上而下绵密顺长、流动飘举，衣缘作荷花边翻卷蜿蜒，曲直相映。右前臂横于胸前、右手握回（似持物状），左前臂抬起向前平举、左手握拳。双膝分开，双腿自然垂坐，双足穿僧履，略做内收状。须弥座平面为矩形，立面叠涩为三退束腰式。足踏为单层须弥座，平面亦为矩形。

南侧由东向西第6像，第二罗汉，迦诺迦伐蹉尊者（俗称欢喜罗汉）。青年汉僧像，侧身坐于岩石座，座高0.65米，足踏高0.17米；像通高1.66米，净高1.11米（图18、线图12）。上身左侧，挺身端坐，面含喜色、神情生动。双眼前视，外眼角上提，耳长鼻直，双唇开启、露齿演说。与其他同类汉僧比较，五官塑造不够精致，细节处理欠缺精准，头部与脖颈的衔接较为生硬，疑为修补之作。着衣三层，内层偏衫露领口和挽卷的左袖口。中衣直裰为白色右衽交领广袖长衫，长垂足面，露右肩、右袖、左袖口和左腿部，其领缘衣缘为金色沥粉花卉纹样。外披袒右式袈裟，割截条为杂色，以宽边金色沥粉纹样间隔，右衣角自右腋下向上绕至左肩，固定于左肩钩纽。袈裟覆左肩绕左臂，下披裹两腿并悬垂于台座。衣纹厚实，褶皱起伏翻转。左臂屈肘前伸，前臂搁置在曲起的左腿膝上，左手掌心向前、大拇指与中指相捻，垂腕搭于左膝处。右臂直垂、以右手于身侧撑于岩石座上；右腿盘曲、脚跟收拢置于腹前岩石座上。尊者所坐岩石座上覆圆形红底沥粉方巾，悬垂于正立面。

南侧由东向西第5像，第十五罗汉，阿氏多尊者（俗称长眉罗汉）。老年汉僧像，结跏趺坐须弥座，座高0.68米，足踏高0.30米；像通高1.63米，净高0.99米（图19、线图13）。畅怀正坐、挺拔端整、气定神闲。面长且瘦，满脸皱纹以长长短短的弧线对称分布，长眉纹路与眼周的皱纹围成一圈，皱纹似乎不是老态的标志，反倒是精心的装饰。眼神温润坚定，鼻端唇合，尊者是禅定之后的了悟神态，相由心生，老而不丑。头戴僧帽，垂披两肩及背，内着红色僧祇支、系带、由右腋下向左肩披覆，裸前胸露肋骨形。上衣样式为红色郁多罗僧，[①] 仅露右侧覆右臂，右衣角垂至僧祇支下方向上掖入外披的袈裟内。僧帽、僧祇支、郁多罗僧及袈裟，其帽缘衣缘皆为金色宽边沥粉植物纹样装饰。外披袒右式袈裟，割截条为杂色，以宽边金色沥粉纹样间隔，右衣角自右腋下向上绕向左肩，披覆左肩缠绕左臂且覆裹两腿。上衣郁多罗僧和外衣袈裟分别悬垂于须弥座立面两侧，衣纹一致，对称而置。双手叠压、掌心向上、作禅定印。脱履盘腿、双足内隐，盘腿处衣纹横直洗练。双履整齐斜置于足踏。台座立面中部悬裳覆坛，垂纹层叠曲绕，与两侧衣纹形成整体，褶纹繁复，形式对称优美。须弥座立面的悬裳衣纹和尊者僧衣衣纹，形成装饰与写实、繁与简的对比。须弥座平面为矩形，立面为三层双束腰，上下层凸出、中间层退回，台座覆巾为红底绿边方形巾、平展垂搭于须弥座立面前侧，底边折回搭于足踏。足踏为双层须弥座，平面亦为矩形。

南侧由东向西第 4 像，第十四罗汉，伐那婆斯尊者（俗称芭蕉罗汉）。中青年汉僧像，闲逸坐于岩石座，座高 0.67 米，足踏高 0.20 米；像通高 1.59 米，净高 1.42 米（图 20、线图 14）。圆润俊美，儒雅尊贵。着衣三层，内层偏衫为右衽交领，仅露黄色领边和两袖口。中衣直裰为黑色右衽交领广袖长衫，垂及足面，露右肩右袖和胸口部位，其领缘衣缘为金色沥粉云龙纹样，于足踝处露沥粉边。外披袒右式袈裟，割截条为杂色，以宽边金色沥粉纹样间隔，右衣角自右腋下绕向左肩，固定于左肩钩纽，上覆左肩绕左臂，下垂披于两腿、悬垂

---

① 据《释氏要览·法衣》记载，佛教定制法衣（僧衣）主要有三种，一是僧伽梨（大衣），即汉化后的袈裟；二是郁多罗僧（上衣），三是安托会（下衣），合称“三衣”。三衣均为不同数量的布片（形成割截条）缝制而成的长方形裹布。着三衣前，一般要穿防污渍的助身衣，即袒右式的僧祇支。王振国：《偏衫与直裰》，《石窟寺研究》2011 年第 0 期（辑刊）。

从可见部分看，此尊者像的着装在样式上带有明显的印度佛教僧衣的特征，其僧祇支、郁多罗僧、袈裟（僧伽梨）为印度佛教僧衣体例。但样式有调整，如上衣郁多罗僧并无割截条构成，仅有衣缘沥粉装饰，既呼应了僧衣本源，又表现了汉化特征，和同堂罗汉像僧衣呼应统一。

在须弥座正立面两侧。右前臂悬空抬起、右手做执笔状，右腿斜垂，足穿僧履，侧置于脚踏。左腿赤足盘曲平置座上、左履置于岩石足踏，左前臂前伸，平置于左腿膝部内侧，左手掌伸开持贝叶（芭蕉叶）。尊者僧服得体、层次分明，沥粉贴金，尊贵华彩。其中衣直裰和外衣袈裟里长外短直至足上，并悬垂于岩石座立面，加之屈回的左小腿处垂落的衣纹，随腿部的起伏而起伏，造成衣纹层层叠叠、衣裾飘垂流转，在真实自然间略夸张炫动，装饰感强烈。

南侧由东向西第3像，第七罗汉，迦理迦尊者（俗称骑象罗汉）。中老年梵僧像，端坐须弥座，座高0.72米，足踏高0.26米；像通高1.63米，净高1.40米（图21、线图15）。赤面浓须，巨颡大耳，目大且瞠，隆鼻阔唇，双眼望向左上方，面向前方，体魁身健，神情严峻。着衣三层，内层偏衫右衽交领，仅露黄色领边及右袖口，中衣直裰为绛色右衽交领广袖长衫，垂及足面，露右肩、右袖、右胸口和左膝及左小腿部，其领缘衣缘为金色沥粉花卉纹样。外披袒右式袈裟，割截条为杂色，以宽边金色沥粉纹样间隔，右衣角自右腋下绕向左肩，覆左肩绕左臂，垂披下身。双臂自然下垂，左右两前臂平端于腹部，双手捧经卷，右手握卷轴，左手撑托展开的经页，经卷质地柔软、隐约现手形。双膝打开，双足着僧履以足跟相并。直裰的左右广袖对称长垂在须弥座两侧，双踝之上直裰长袈裟短，二层僧衣各露沥粉衣缘，褶纹层叠宛转，两腿之间的两层衣纹既对称又有变化。整体看，上身衣褶较为概括强调写实性，下身衣纹则在写实的基础上更着意于装饰性。须弥座简洁方正，平面为菱形，立面为三层双束腰样式，上下层略凸出、中间层退回，足踏为单层矩形加圭角底座，与须弥座连为一体。

南侧由东向西第2像，第十八罗汉（俗称伏虎罗汉）。老年汉僧像，坐于岩石座，座高0.64米，足踏高0.20米；像通高1.56米，净高1.39米（图22、线图16）。额凸眉高，两眉弯弧、相连处呈倒“V”形，颧骨凸耸，深目下陷，隆鼻薄唇，额头、双颊、口周的皱纹随五官起伏而置，匀整对称。头略向右下扭转、双目下视，坐姿端严，神情严肃，虽老尤健，气宇不凡。着衣三层，内层偏衫仅露左右两袖口，中衣直裰为黄色右衽交领广袖长衫，垂及足面，露右肩、右袖、胸腹部和下摆边缘，其领缘衣襟为金色沥粉植物纹样。腹间系两条红色软带，直垂脚踏，中间被袈裟遮挡，至衣摆下缘又露出两带下端。外披袒右式袈裟，割截条为杂色，以宽边金色沥粉纹样间隔，覆左肩，右衣角自右侧腰间横搭于左臂，垂披下身。其衣较厚，尤其是袈裟披覆部位，以及下身直裰和袈裟重叠处的褶纹层层叠叠、起伏明显，刻画真实夸张，装饰感强。右臂自然贴体下垂，伸右手食指向下

线图 10　崇庆寺三大士殿南次间南侧由东向西

第 8、9 双罗汉像 线图　20 厘米×25 厘米

线图 11 崇庆寺三大士殿南次间南侧由东向西第 **7** 罗汉像 线图 **20** 厘米×**29** 厘米

线图 12　崇庆寺三大士殿南次间南侧由东向西第 6 罗汉像 线图 20 厘米×29 厘米

线图 13 崇庆寺三大士殿南次间南侧由东向西第 **5** 罗汉像 线图 **20** 厘米×**29** 厘米

线图 14　崇庆寺三大士殿南次间南侧由东向西第 4 罗汉像 线图 20 厘米×29 厘米

线图 15　崇庆寺三大士殿南次间南侧由东向西第 3 罗汉像 线图 20 厘米×29 厘米

线图 16　崇庆寺三大士殿南次间南侧由东向西第 2 罗汉像 线图 20 厘米×29 厘米

线图 17　崇庆寺三大士殿南次间南侧由东向西第 **1** 罗汉像 线图 **20** 厘米×**29** 厘米

指，顺食指方向往下，及至右足边，伏一小虎，正扭颈抬首望向尊者。小虎眼神方向和尊者伸出的右手食指，以及尊者下视的方向连贯成一线。左前臂伸举，手做握物状，似持立仗。两腿分开，右足略向前伸，左足稍往回退，双足着僧履。

南侧由东向西第1像，第十罗汉，尊者摩诃半托迦（俗称探手罗汉）。中年汉僧像，坐须弥座，座高0.70米，足踏高0.23米；像通高1.57米，净高1.37米（图23、线图17）。抬足端坐，凝神敛气，身形拔健，姿容俊朗，风姿儒雅。着衣三层。内层偏衫为右衽交领，仅露浅色狭窄领边，中衣直裰为青绿色右衽交领广袖长衫，垂及足面，露右肩右袖和左小腿部，其领缘衣缘为金色沥粉花卉纹样。外披袒右式袈裟，左肩处有钩纽，割截条为杂色，以宽边黄色沥粉纹样间隔，右衣角自右腋下向上固定于左肩处，上覆左肩绕左臂，垂披于下身。其衣较厚，直裰和袈裟于下摆处形成一长一短层叠的衣摆，褶纹自左肩、胸、腹、下摆，以及两袖处起伏明显、纵横交错、层叠宛转，刻画得真实可信，细节处装饰夸张。坐姿闲雅挺拔，右腿抬起收拢、着履右足撑于座上，右上臂外展、前臂托膝，右手垂落；左腿略向外倾、自然下垂，左足穿僧履、向内收回，置于脚踏，左上臂贴体而垂，前臂搭腿、以掌抚膝。双手柔骨丰肌，尊贵自不言。罗汉像坐须弥座，平面为矩形抹边，立面为三层双束腰样式，足踏为单层矩形加圭角底座，与须弥座连为一体。

表2-1　　崇庆寺大士殿宋塑测量数据　　（单位：米）

位置	名称	台座	通高	净高	肩宽	足踏	其他
佛坛北侧	文殊大士（今塑）	1.39（莲座直径0.57，莲座高0.77）	2.44	1.56	0.42		青狮长1.76，狮头高0.77，狮头距地面高1.02
佛坛正中	观音大士	1.59（山形底座高0.37米）	2.63	1.71	0.43		金犼长1.90，金犼头距地面高1.20
佛坛南侧	普贤大士（今塑）	1.48（莲座高0.62，直径0.60；山形底座宽1.00）	2.40	1.57	0.43		白象长1.54，象头高0.65，坐骑高0.86

续表

位置	名称	台座	通高	净高	肩宽	足踏	其他
南次间由东向西第 1 像	摩诃半托迦罗汉	高 0.70 宽 0.80	1.57	1.37	0.50	高 0.23 宽 0.47	北次间罗汉长坛高 0.64，深 0.85
南次间由东向西第 2 像	伏虎罗汉	高 0.64 宽 0.85	1.56	1.39	0.45	高 0.20 宽 0.88	
南次间由东向西第 3 像	迦理迦罗汉	高 0.72 宽 0.83	1.63	1.40	0.45	高 0.26 宽 0.50	
南次间由东向西第 4 像	伐那婆斯罗汉	高 0.67 宽 0.93	1.59	1.42	0.45	高 0.20 宽 0.83	
南次间由东向西第 5 像	阿氏多罗汉	高 0.68 宽 0.90	1.63	0.99	0.48	高 0.30 宽 0.50	
南次间由东向西第 6 像	迦诺迦伐蹉罗汉	高 0.65 宽 0.90	1.66	1.11	0.48	高 0.17 宽 0.85	
南次间由东向西第 7 像	那迦犀那罗汉	高 0.73 宽 0.90	1.62	1.38	0.47	高 0.27 宽 0.48	
南次间由东向西第 8 像	戌博迦罗汉	高 0.64 宽 1.48	1.64	1.47	0.45		
南次间由东向西第 9 像	诺距罗罗汉	高 0.64 宽 1.48	1.64	1.03	0.45	高 0.20	北 8、北 9 两尊罗汉共坐一台座
北次间由东向西第 9 像	因揭陀罗汉		1.52	1.41	0.56	高 0.16	南次间罗汉长坛高 0.66，深 0.93
北次间由东向西第 8 像	宾度罗跋啰堕阇罗汉	宽 1.40	1.56	1.45	0.47		南 8、南 9 两尊罗汉共坐一台座
北次间由东向西第 7 像	迦诺迦跋厘堕阇罗汉	高 0.67 宽 0.89	1.54	0.97	0.45		
北次间由东向西第 6 像	注荼半托迦罗汉	高 0.66 宽 0.92	1.58	1.42	0.47	高 0.18	
北次间由东向西第 5 像	伐阇罗弗多罗汉	高 0.69 宽 0.88	1.58	1.38	0.48	高 0.23 宽 0.58	
北次间由东向西第 4 像	跋陀罗罗汉	高 0.68 宽 1.05	1.60	1.45	0.45	高 0.18 宽 0.85	
北次间由东向西第 3 像	罗怙罗罗汉	高 0.58 宽 0.90	1.60	0.91		高 0.28 踏 0.50	僧履长 0.23
北次间由东向西第 2 像	降龙罗汉	高 0.63 宽 1.07	1.57	1.39	0.53	高 0.21	
北次间由东向西第 1 像	苏频陀罗汉	高 0.63 宽 0.88	1.55	0.97	0.40	高 0.27 宽 0.43	头高 0.25 宽 0.16

第三章　三大士殿宋塑的造像组合样式及其信仰转化

崇庆寺三大士殿内的彩塑是以大殿中心的“三大士”菩萨组合为主像，即观音菩萨为中尊、文殊菩萨和普贤菩萨分列其左右的组合造像，两侧则对称围以十八罗汉组合而成的辅像，共同形成殿内造像的主要内容和组合样式。这种题材及其组合样式正是唐宋以来佛教本土化造像样式的新变化，它们带着鲜明的时代特征开启了一个新的历史时期的佛教艺术题材样式。菩萨因其具有大智慧功德，受到众生的崇奉和信赖，是佛教中沟通佛和普通信众的桥梁，因而与信众距离较近，给予信众亲切感；罗汉则是常驻人间上求佛果、下化众生的菩萨，其在人间的修行百态是信众信佛礼佛修行的示范和榜样，同样受到信众的供奉和敬仰。菩萨与罗汉造像和信仰在中唐、五代以来的流行，及至宋代的成熟，佛教的本土化和世俗化，是社会变异和时代发展的选择（图 24、图 25）。

第一节　走下神坛的三圣——“三大士”组合样式和信仰考辨

崇庆寺现存的“三大士”组像中仅观音菩萨像为宋塑遗存，但三者之组合是原宋塑的本来题材。这一组合是以观音菩萨为中尊，文殊、普贤菩萨为左右胁侍的题材组合和造像样式，这一题材是我国佛教造像本土化过程中的创新组合样式，它一方面包含了“华严三圣”

信仰的抽象义理和偶像崇拜模式的演变；另一方面体现了本土菩萨信仰和造像组合的创新，同时也渗透着显密二教的相互影响和交融。三大士组合造像遗存最早出现在唐代，宋及至明清时期已是常见题材。较早的三大士组合造像实例，可见于唐代山西太原龙山石窟第9窟的石刻造像（685—704），此窟为两层露天大龛，上层雕像为高大的弥勒佛，下层正中雕刻着十一面观音立像，和左、右两侧的骑狮文殊和乘象普贤二菩萨像。[①] 这种佛、菩萨的上下位置关系的处理，似乎暗示着观音菩萨升格为佛的性质。另见于晚唐敦煌莫高窟161窟的壁画造像，该窟以观音菩萨为主像，从窟顶到侧壁的壁画内容都表现出佛教信仰的变化，窟顶井心为观音菩萨，四披又围以四尊观音菩萨像，有文推断为“五方佛”变身；而西壁的十一面观音和南壁的文殊、北壁的普贤则是三大士组合造像样式。[②] 这两处不同形制的石刻和壁画三大士造像组合皆以十一面观音为主尊，从中可见唐代密宗观音信仰和造像的流行与影响。

一 “华严三圣”组合样式及其信仰

三大士组合样式，实则为佛教三圣信仰模式的演化，也即源于“一佛二菩萨”的宗教经典造像形式。确切地讲，是源于具有一定代表性的“华严三圣”的经典组合。“华严三圣”是指源于华严类经典中华藏世界的教主毗卢遮那佛（又称卢舍那佛、释迦牟尼佛），与文殊和普贤两位助化菩萨组合，“华严三圣”模式在两宋达到造像的高峰。[③] 在崇庆寺主殿千佛殿中，供奉的主像即为“华严三圣”，是释迦牟尼佛与文殊、普贤二菩萨的组合。这一题材组合样式亦可见于宋元祐四年（1089），[④] 山西晋城青莲寺上寺释迦殿内的宋代造像，其

---

① 张明远主编：《山西石刻造像艺术集萃》，山西科学技术出版社2005年版，第38—40页。

② 郭佑孟：《晚唐观音法门的开展以敦煌莫高窟161窟为中心的探讨》，《圆光佛学学报》2000年第8期。

③ 释见脉：《佛教三圣信仰模式研究》，博士学位论文，中国社会科学院，2010年，第15页。

④ 高寿田：《山西晋城青莲寺塑像》，《文物》1963年第10期。

主像组合亦为释迦牟尼佛与文殊、普贤二菩萨（一铺五尊，另有弟子阿难像，迦叶像失）；（图 26）[①] 以及宋政和元年（1111），山西长子法兴寺圆觉殿佛坛上的释迦牟尼佛与文殊、普贤二菩萨像的组合（另有二弟子迦叶、阿难像，二护法金刚像，明代重装）。山西现存的佛教宋塑遗存主要集中在地处晋东南的崇庆寺、法兴寺和青莲寺内，其中，崇庆寺和青莲寺除主殿的造像题材组合一致，且二寺都有以观音为主尊和罗汉群像（青莲寺为十六罗汉）同为一堂的偶像组合。三座寺庙主殿中主像组合皆为“华严三圣”，或以菩萨为辅像，或于侧殿设置菩萨和罗汉组合造像，从中或可见华严宗信仰在宋代山西的重要地位，可见菩萨信仰和罗汉信仰的流行与重要转变，以及佛教各宗派之间相互融合的重要现象。因此，探究三大士信仰（或者说观音菩萨信仰），以及罗汉群像题材组合样式的佛教理论和造像样式来源，或可说正是对山西宋代佛教造像样式和信仰模式的探源。很显然，三大士题材组合样式，与“华严三圣”组合的渊源颇深，关系密切，两种组合中的二位助化菩萨身份相同，但主尊不同，且佛教经典三圣组合中的主尊是佛，而三大士组合的主尊却是菩萨。那么“华严三圣”中的主尊何以由佛转变为菩萨，由毗卢遮那佛（释迦牟尼佛）转变为观音菩萨？

在此，有必要先对“华严三圣”组合样式的宗教思想和信仰梳理探源。“华严三圣”组合具有比较严谨的佛教经典基础，且“是在中国中唐以后形成的特异的造像”[②]。“华严三圣”造像组合主要源于《华严经》思想，这部经典自汉末支品经《兜沙经》（179）传入中国后，到东晋的《六十华严》（421），其翻译长达两个多世纪，因此也促成了这一组三圣模式的法理关系与结构更为庞杂和完整。由于不同时代法师和学者研究方向的变化，三圣组合中的圣像也相应地有一个酝酿、变化，乃至最后固定的发展过程：从泛指的两菩萨，到“释迦三圣”中明确为文殊和普贤两菩萨；从东晋的《六十华严》译本中

---

① 文中所选晋城青莲寺宋塑图片均由作者本人拍摄。

② ［日］镰田茂雄：《华严三圣像的形成》，载杨增文、方广锠编《佛教与历史文化》，北京宗教文化出版社 2001 年版，第 369 页。

固定为“华严三圣”，彼时的组合是卢舍那佛和文殊、普贤两菩萨，到中唐的《八十华严》，其中的主佛又被翻译为“毗卢遮那佛”[①]。唐代的华严宗师澄观（737—838）在《华严三圣圆融观》中将其明确为：“三圣者，本师毗卢遮那如来，普贤文殊二菩萨是也。”[②] 即“三圣”组合的主尊为毗卢遮那佛，普贤和文殊为二胁侍菩萨，或说二助化菩萨。华严类经典是由支品、本部以及眷属经三部分组成。[③] 正是华严本部《六十华严》这一结构完整的集成本，其内容以卢舍那佛为中心，而编排次序则以文殊和普贤两大菩萨为核心，通过佛在七个地点主持的八场法会的因缘，即“七处八会”，全面展示了“华严三圣”的固定模式。其中《卢舍那佛品》强调了卢舍那佛作为主尊的中心和权威地位。卢舍那佛具佛身的庄严、法身的无边和化身的无量，成为最高崇拜对象。其因上及果上功德不可思议，并因如来神力而起无量庄严，创出充满宝、香、光、华、妙云及妙声，集世间所能想象最好的事物所组成的“华藏世界”。但佛的伟大和高尚德行、佛的境界不可思议，是凡俗众生不可见的，这就需要通过其助化菩萨来沟通佛和众生的法界，也即由文殊和普贤等菩萨作为沟通的桥梁。在经文中，卢舍那佛的存在主要是通过众佛和菩萨的赞叹，以及具体活动来表现。普贤菩萨是开首前两品和后半部收尾部分的主角菩萨；文殊菩萨则是此中间品的主角菩萨。在最末三十四品《入法界品》中记载着：“尔时世尊在室罗筏国逝多林给孤独园，大庄严重阁，与菩萨

---

① 释见脉：《佛教三圣信仰模式研究》，第 44 页。

② （唐）澄观：《华严三圣圆融观》，《大正新修大藏经》第 45 册（后简称《大正藏》），河北佛教协会出版社 2005 年版，第 671 页。

③ 支品经，指从东汉到东晋，在中国译出并独立流行的小经，如菩萨类，大致可以分为文殊和普贤为主的两类支品经典群。早期华严支品经群都以释迦牟尼佛为最高敬仰对象。本部经，主要指《六十华严》（三十四品单行经的集成本），是华严三圣的根本经典。确立了主尊卢舍那佛的绝对权威（至《八十华严》，则翻译为“毗卢遮那佛”），是以讲述菩萨修行为主线的经典。描绘出一佛二菩萨之间复杂深邃的法理关系。经中的主角佛菩萨，以华藏世界一方净土导师之姿，成为特定愿力法门的主体代表。释见脉：《佛教三圣信仰模式研究》，第 43 页。

摩诃萨五百人俱，普贤菩萨、文殊师利菩萨，而为上首。”① 由此可知，文殊和普贤在第八会（最后一会）中已经明确上升为上首菩萨，同为主角菩萨。纵观全经，文殊和普贤菩萨的核心地位显而易见，并最终显示出二者在“华严三圣”组合中成为左右手的平等地位。文殊以其极高的修行位阶，具足知晓佛陀境界的能力，从众多菩萨中凸显出来，作为智慧领袖和代佛宣法的形象；普贤作为二菩萨之一，其形象则是愿形表率与菩萨榜样。法藏（632—712）法师在《华严经探玄记》的阐述中，亦强调了文殊、普贤是平等且相对而立的二位助化菩萨。② 实际上，本部经文是将佛菩萨形象作为符号，他们是纯思辨抽象义理的载体。换言之，三圣在其可视的圣者形象的背后展现出他们的智慧、品德和精神。在此后的经典义理注疏和解读中，唐代李通玄（635—730）的《新华严经论》明确提出了“佛和文殊、普贤三位一体”③ 的佛菩萨观。而澄观法师则在《三圣圆融观门》中，继承了华严宗的“人法一体”“三圣自体因果”等三圣观，④ 并在形式上效仿李通玄的系统探讨方式，且最早用到“三圣”一词，将“华严三圣”的义理格局集中论证，并将其完整、系统化。可以说“华严三圣”信仰模式和题材组合样式的形成和变化是漫长的，《华严经》经

---

① 《中华大藏经》13 册《华严经 · 入法界品》卷 60，中华书局 1985 年版，第 253 页。

② “初菩萨中亦三，谓一举数，二列名，三叹德。名中先标上首二人，以其是助化主故。释有三义，一普贤当法界门，是所入也；文殊当般若门，是能入也，表其入法界故。二普贤三昧自在，文殊般若自在。三普贤明广大之义，文殊明甚深之义。深广一对，故标上首。”（唐）法藏：《华严经探玄记 · 入法界品》卷 18《大正藏》第 35 册，第 441—442 页。

③ 魏道儒：《中国华严宗通史》，江苏古籍出版社 2001 年版，第 176 页。

④ 六世纪的僧人慧光法师在《华严经义记》中形成“人法一体”的圣者观，意为人即是法，人法同体，将菩萨从一尊尊固化的形象中解放出来，形成某一抽象概念的化身。唐朝的智俨法师在《华严经探玄记》中用“自体因果”来显明华严三圣之间的法理关系。佛是自体果，二菩萨是自体因，自体因中，文殊表开始的智慧心，普贤表因上的实践行持。智俨法师将因指定为普贤菩萨，普贤行圆满实现，即能达到佛果。这一二圣自体因果的法理关系，亦可在有情众生自体中寻求三圣精神，可得启发圆满圣果与圣者一样契入圣境。释见脉：《佛教三圣信仰模式研究》，博士学位论文，中国社会科学院，2010 年，第 57、59 页。

典义理从萌芽、发展到成熟的表征过程，同时融合了佛教内在义理的符号化和外在崇拜的圣像供奉，是一个完整且系统的佛教圣者观。显然，也是“三大士”三圣造像和信仰组合直接的模式来源和样式基础。

二　观音菩萨和“三大士”组合样式及其信仰

佛教在中国的发展及其造像在唐代中晚期进入全盛期，在对佛教经典翻译、注疏的基础上，创立了符合本土审美的理想化、典型化的造像模式，完成了本土化转变，三圣造像趋向样板造像。“三大士”造像组合正是直接取样于成熟的“华严三圣”信仰和造像模式，将其主尊“佛”换作“菩萨”，把毗卢遮那佛换作了观音菩萨，二位助力菩萨仍然为文殊和普贤。这一新的题材组合样式传递出佛教信仰的时代变化和本土变化，菩萨信仰和菩萨造像成为唐代及其后重要的宗教文化现象。

“三大士”组合中的主尊是观音菩萨。有关观音信仰的各种经典早在两晋南北朝时期就陆续传入我国。《法华经》是观音信仰的核心经典，以鸠摩罗什的译本《妙法莲华经》（406）影响较大，其中第二十八品《观世音菩萨普门品》（简称《普门品》），重点宣扬了观音信仰，强调了观音菩萨救苦救难的特质，形成观音信仰的主流。李利安认为：“观音救难信仰经历了从救海难到救一切难的过程，最终以《普门品》为总结，形成完整的观音救难体系。”①《华严经》是宣扬观音信仰的另一重要经典，其中最后一品《入法品界》内容为“善财童子五十三参”，第二十七参中观音菩萨为主角菩萨，是《华严经》中对观音菩萨信仰的进一步宣扬，也是对《法华经》中观音菩萨救难信仰的进一步推动和扩展。再有就是如北周耶舍崛多译本《十一面观世音神咒经》，以及唐代关于千手千眼观世音菩萨的《大悲咒》诸多译本等，则是对观音菩萨名号“福德和灵验”的宣扬，对观音菩萨无量功德与威力的宣扬。② 造像方面，受隋唐时期密教流

---

① 李利安：《观音信仰的渊源与传播》，宗教文化出版社 2008 年版，第 87 页。

② 蓝慧龄：《“三大士”造像思想探源》，《五台山研究》2013 年第 3 期。

行的影响，前文言及的两处早期三大士组合造像（太原龙山石窟第9窟石刻造像和敦煌莫高窟第161窟的壁画造像）中的观音菩萨皆为十一面观音形象，是为证。再加之佛教各宗各派亦对观音菩萨和观音法门的广泛译传和阐发，宣扬观音信仰。隋唐及宋，观音信仰的理论体系趋于完备，观音菩萨大慈大悲救苦救难的信仰深植于中国民众的信仰中。

随着大量观音经典的译传和阐发，隋唐又受密教影响，各种形式的观音像层出不穷，其造像组合和样式（除了“三大士”组合，另外如青莲寺上寺观音阁内的彩塑组合，其主像为观音菩萨，胁侍为善财童子和龙女）则直观地体现了这一思想层面的潜移默化，至唐代中晚期观音菩萨的造像已然呈现出独立佛格的特征。早在北朝的石窟造像题记中，已经出现“观世音佛”的记载。[①] 在经典中亦有关于观音具有佛格特性的明确记载。如《法华经》的《观世音菩萨普门品》中：“佛告无尽意菩萨善男子，若有国土众生，应以佛身得度者，观世音菩萨即现佛身而为说法。”[②] 再如《千手千眼观世音菩萨广大圆满无碍大悲心陀罗尼经》中：“佛告阿难：此观世音菩萨有不可思议威神之力，已于过去无量无数阿僧祇劫前已成佛竟，号曰：正法明如来，大悲愿力为，欲成熟安乐，一切众生故。现作菩萨，此菩萨乃至名字难可得闻，何况得见。”[③] 由上经典可知，观音菩萨可以视众生的需要而化现为佛身，为众生说法，示现慈悲救世。也正是经典传译、宗派阐发和民众信仰使得观音菩萨具有佛格的身份。

在“三大士”造像组合中，观音菩萨是作为中尊，佛的主位呈现的，文殊和普贤二菩萨则位居其左右两侧，保持着在“华严三圣”组合中助力菩萨的位置和身份。蓝慧龄在其《“三大士”造像思想探源》一文中，特别提到《华严经》的《入法界品》中观音菩萨的重要位置和作用。《入法界品》的内容为“善财童子五十三参”，善财的参访是受文殊菩萨的教导和启发，由此而发菩提心，开始了遍历一

① 蓝慧龄：《“三大士”造像思想探源》，《五台山研究》2013年第3期。

② 《中华大正藏》第16册，第757页。

③ 《中华大正藏》第19册，第778页。

百一十城，向五十三位善知识的参访。善财在第二十七参，参访的正是观音菩萨，这一参恰好处于五十三参的中间，居于核心位置。而普贤菩萨则在最后一参最终令善财证入法界。这一结构安排中，正是居中的观音一参，“明智就悲”，将表“空性”智慧的文殊，过渡到表“妙用”行愿的普贤，而起到纲领性的作用。《入法品界》虽为《华严经》三十四品的最后一品，但其篇幅却占全经的1/4，可见此品之重要。华严宗法藏法师在《智度论》第四十中亦说：“复次十住大菩萨与佛无有差别，如遍吉、文殊师利、观世音等，都具足佛十力功德而不作佛，为广度众生故。”遍吉指普贤，表明普贤、文殊、观世音三菩萨都具足佛的十力功德，是等同于佛的，但却不作佛，为的是要方便度化众生。且在义理之外的禅观践行中，“法藏大师曾以十一面观音作为禅观修法的主尊。从法藏修十一面观音法开始，三大士信仰的雏形已然形成，三大士中观世音菩萨取代了毗卢遮那佛，成为禅观中的主要佛观”①。

其后，李通玄对此亦有所阐发，而他著书立说也正好是在山西中北部一带完成的。在《新华严经论》中，他首先认为：“说此一部经之问答体用所乘大宗之意，总相具德有三：一佛，二文殊，三普贤。”② 以三圣涵盖《华严经》的全部旨意。此后李通玄又从五十三参中把观音、文殊、普贤单独提出来表法：“法界毗卢遮那如来境智道理，于《法华经》中会三入一门中，具有此三法。文殊、普贤、观世音菩萨。表法身无相慧及根本智，即文殊之行主之。表从根本智起差别行，以普贤主之。表大慈悲心恒处苦流不求出离，以观世音主之。以此三法属于一人所行令具足，遍周一切众生界，教化众生令无有余，名毗卢遮那佛。”③ 他将观音的慈悲、文殊的妙慧、普贤的智身三圣的具体性德，合为华严信仰中的至尊毗卢遮那佛一佛之德，将抽象的义理寓以具体形象化的解释。在《决疑论》中提出“文殊、

---

① 蓝慧龄：《“三大士”造像思想探源》，《五台山研究》2013年第3期。

② （唐）李通玄：《新华严经论》卷3《大正藏》第36册，第754页。

③ （唐）李通玄：《新华严经论》卷37《大正藏》第36册，第981页。

普贤、毗卢遮那，三法体用平等，名为一乘”[①]。将“三圣”抽象化为“三法”，且“三法一体”，三者并重。这无疑突出了观音在华严系统中的地位，为“三大士”信仰格局做出理论上的义梳和铺陈。

在李通玄的思想基础之上，华严祖师澄观的《三圣圆通观门》首次提出将毗卢遮那佛、文殊菩萨和普贤菩萨合称为“华严三圣”。并在《普贤行愿品别行疏钞》中对观世音的诠释为“能观”之智和“所观”之境的合一，[②] 这一解释同样是对毗卢遮那佛的概括，也即澄观认为，观世音菩萨与毗卢遮那佛的地位是对等的。加之在禅观修法中，因佛的不可企及，而观音的大悲以及种种随缘示现、与信众较为亲近，以观音菩萨代替毗卢遮那佛，并立三菩萨且以观音为中尊。进一步确定了“三大士”的信仰格局。

此外，“三大士”造像组合样式的形成，也明显结合了密宗的修法和造像仪轨。前文提到两处唐代三大士造像，其中的观音形象皆为十一面观音，即是密宗观音形象。十一面观音是最早传入汉地的密宗观音法门，具备完整的咒法、坛法以及像法。在《佛说十一面观世音神咒经》中，提到有十种现世果报可以通过念此诵经获得，法藏在武周时期曾参国事以佛法退敌，就是结合华严禅观和密宗十一面菩萨修法，以华严义理之“体”，结合密教十一面观音的造像和仪轨之“用”，来“破一切怨敌”。另外，密教的“菩提心为因、大悲为根本、方便为究竟”三句论修行理论，也为“三大士”的造像组合提供了依据。结合文殊表菩提心之因、奠定修习大乘佛法的前提、以成就一切智慧的基础；普贤表方便之究竟、以普贤行的广大功德、起无边的妙用来利益众生；“大悲”则是观世音的性德法门。在《华严经》的《入法品界》中：“尔时世尊知诸菩萨心之所念，大悲为身，大悲为门，大悲为首，以大悲法而为方便，充遍虚空。入师子类申三昧，入此三昧，已一切世间普皆严净。”[③] 由此可见，“大悲为根本”也是佛教的根本，是大乘的根本，故而观音菩萨可以取代毗卢遮那

① （唐）李通玄：《华严经决疑论》卷1《大正藏》第36册，第1014页。

② 蓝慧龄：《“三大士”造像思想探源》，《五台山研究》2013年第3期。

③ 《中华大正藏》第13册，中华书局1985年版，第255页。

佛。换言之，华严三圣中的佛是可以由观世音菩萨来替代的。不可言说的佛代之以观音的“大悲”和种种示现，过去时代艰深晦涩的佛理，有宋以来频繁示以亲近民众的菩萨组合，转以“动之以情”，更贴近民众，以情入理。

由上，“三大士”组合样式的思想来源，是以《妙法莲华经》为主的观音信仰作为基础，结合《华严经》的华严核心思想及种种义疏经典，并融合密宗的修法与造像仪轨，最终形成了独具中国本土特征的菩萨信仰体系和造像组合样式。

第二节 现世福报的宣扬——十八罗汉信仰和造像探源

“中国古代佛教造像中的罗汉像，是从唐末五代和北宋发展起来的。”① 沈伯村认为“罗汉信仰与罗汉造像作为一种哲学观念与物质形态并存的文化现象，完全是中国化的产物”②。这两处引文言及的罗汉信仰与罗汉造像主要指我国唐代以来兴起的十六罗汉概念，及在此基础上发展起来的十八罗汉以及五百罗汉等，也是一种特殊的“罗汉群体”信仰，并且是从佛的侍从身份或依附于佛的从属地位析离出来的独立题材，在北宋进入其发展的繁盛期。孙振华在《中国古代雕塑史》一书中亦强调了：“现存宋代寺院造像在题材上的特点是罗汉、诸天成为表现的重点，在艺术上，成就最突出的应该首推罗汉。”③ 这里的罗汉亦指十六罗汉或十八罗汉等罗汉群像。山西现存的宋代罗汉群像有两处，一处即是长子崇庆寺的十八罗汉像；另一处是北宋建中靖国元年（1101），晋城市青莲寺的十六罗汉像，它们是“罗汉群像”的典型代表，分别从造像的时间、题材、艺术水准等方面印证了各方家的观点。如果说罗汉的观念是从印度传入的，那么罗汉的信仰

① 王子云：《中国雕塑艺术史》（下），人民美术出版社 2012 年版，第 742 页。

② 沈伯村：《罗汉信仰及其造像艺术》，《求索》1998 年第 1 期。

③ 孙振华：《中国古代雕塑史》，中国青年出版社 2011 年版，第 143 页。

则形成于中国。寻迹于佛典译注，罗汉信仰主要源于净土宗，实际上是伴随着弥勒信仰出现的。早在后秦时期，鸠摩罗什译《阿弥陀经》，在这部净土宗信仰的重要经典中已列举了十六位阿罗汉，且均有姓名。但真正确立和推动十六罗汉信仰及造像热潮的是唐玄奘法师所译的《大阿罗汉难提蜜多罗所说法住记》。而十八罗汉信仰和图像则是在“十六罗汉”的基础上另加两位而成，成为佛教和佛教美术本土化的重要产物。

一　十八罗汉信仰的思想渊源

罗汉，亦称阿罗汉（Arahanta）。阿罗汉在佛教史的原始佛教、部派佛教、大乘佛教和大乘密教四个阶段都有解释。“‘阿罗汉’在早期佛教的地位中，被视为是最高层次、最究竟的解脱之目的，同时也是最高修行之果位。”① 在巴利佛典中，关于罗汉的五种定义可以归纳为：“1. 因已远离烦恼故为阿罗汉；2. 因已杀除一切烦恼敌故为阿罗汉；3. 因已破轮回故为阿罗汉；4. 因有资格受资具等供养（应供）故为阿罗汉；5. 因对恶行无隐秘故为阿罗汉。”② 可见阿罗汉的定义和佛陀的定义几乎相同，果位极高。但在其后的发展中，罗汉的定义及其地位发生了较大变化。如在大乘佛教中，罗汉是佛弟子。在汉译的佛教经典中，罗汉也常被译作“应供”，仅对应前说罗汉定义中的第4点，这种翻译应该说是受到了大乘佛教佛陀观的影响。而在北朝时期的《洛阳伽蓝记》中，罗汉也指得道的高僧。罗汉变化亦体现出佛教经典在向我国输入和传播的过程中，必然受到中国文化和民众需求的选择，被重新整合和调整。

最早的罗汉群体概念，或说与“十六罗汉”概念相类的罗汉概念当为“四大声闻”“四大比丘”，这一特殊团体是伴随着弥勒信仰而诞生的罗汉信仰，专指受佛嘱托、被佛指定住世护法的四位阿罗汉。

---

① 释阿难：《巴利〈论事〉中的“阿罗汉观”研究——以上座部对有部批判为核心》，博士学位论文，复旦大学，2014年，第23页。

② 释阿难：《巴利〈论事〉中的“阿罗汉观”研究——以上座部对有部批判为核心》，第26页。

西晋时期竺法护（266—313）译《弥勒下生经》，经中记载："尔时世尊告迦叶曰：'吾今年已衰耗，向八十余。然今如来有四大声闻，堪任游化，智慧无尽，众德具足。云何为四？所谓大迦叶比丘、君徒钵叹比丘、宾头卢比丘、罗云（罗睺罗）比丘。汝等四大声闻要不般涅槃，须吾法没尽，然后乃当般涅槃，大迦叶亦不应般涅槃，要须弥勒出现世间所以然者。'"[①] 前秦苻坚建元年间（365—384）昙摩难提译《增壹阿含经》，东晋时所译《舍利弗问经》也都有类似的记载。[②] 由此可见，其时的阿罗汉作为佛的弟子，受命"护法""流通佛法"，已带有明显的大乘佛教色彩。

稍晚一点，"十六罗汉"的概念开始出现。约 4 世纪左右印度坚意菩萨造《入大乘论》，北凉时期（397—439）由道泰译，经中记载："又尊者宾头卢、尊者罗睺罗，如是等十六人诸大声闻，散在诸渚，于余经中亦说有九十九亿阿罗汉，皆于佛前取筹护法，住寿于世界……守护佛法。"[③]《入大乘论》中提到的十六声闻，即十六罗汉。虽说仅具名宾头卢和罗睺罗 2 尊罗汉，但"十六"之数被明确提出，且提到罗汉的住处。十六罗汉不入涅槃、住世、护法的特征也是显而易见的。后秦鸠摩罗什译《阿弥陀经》（译成于 401—413），是净土宗信仰的重要经典，经中则列举了十六位阿罗汉，均有姓名。经中记载："如是我闻：一时佛在舍卫国祇树给孤独园，与大比丘僧千二百五十人俱，皆是大阿罗汉，众所知识。长老舍利弗、摩诃目乾连、摩诃迦叶、摩诃迦栴延、摩诃拘絺罗、离婆多、周梨槃陀迦、难陀、阿

---

① （西晋）竺法护译：《弥勒下生经》，《中华大正藏》第 18 册，中华书局 1986 年版，第 728 页。

② 王霖指出，有关"四大声闻"系统，大小佛经各有不同。按大乘佛经所举有数种：舍利弗、大目犍连、大迦叶、迦旃延（《摩诃摩耶经》卷上）；舍利弗、大目犍连、富楼那、须菩提（《宝星陀罗尼经》卷三）；舍利弗、大目犍连、大迦叶、须菩提（《维摩经义疏》卷三）。特点是：其成员均在佛陀十大弟子之列。小乘佛经所举则基本有两种：大迦叶、君徒钵叹、宾头卢、罗睺罗（《弥勒下生经》、《增壹阿含经》卷四十四）；大迦叶、大目犍连、阿那律、宾头卢（《增壹阿含经》卷二十八）。特点是：不尽为佛陀十大弟子，也包含其他大阿罗汉，而宾头卢均列其中。王霖：《7—8 世纪的十六罗汉信仰——以玄奘所译〈法住记〉为线索》上，《新美术》2015 年第 1 期。

③ （北凉）释道泰译：《入大乘论》，《大正藏》第 32 册，第 39 页。

难陀、罗睺罗、憍梵波提、宾头卢颇罗堕、迦留陀夷、摩诃劫宾那、薄俱罗、阿㝹楼驮，如是等诸大弟子，并诸菩萨摩诃萨、文殊师利法王子、阿逸多菩萨、乾陀诃菩萨、常精进菩萨，与如是等诸大菩萨，及释提桓因等无量诸天大众俱。”① 但相应的佛典并未有对应的造像记载或遗迹。

直到唐高宗永徽五年（654），玄奘译《大阿罗汉难提蜜多罗所说法住记》（后简称《法住记》），才首次完整明确地提出了“十六罗汉”，包括各罗汉的具体名号、居住地，以及其功德和作用都详加记载。《法住记》是难提蜜多罗尊者即将涅槃时的宣讲，是关于佛陀对佛法住留人间的嘱托和预言。《法住记》云：“佛薄伽梵般涅槃时，以无上法付嘱十六大阿罗汉并眷属等，令其护持，使不灭没。”十六大阿罗汉为：“第一尊者名宾度罗跋罗惰阇，第二尊者名迦诺迦伐蹉，第三尊者名迦诺迦跋厘阇，第四尊者名苏频陀，第五尊者名诺距罗，第六尊者名跋陀罗，第七尊者名迦理迦，第八尊者名伐阇罗弗多罗，第九尊者名博戍迦，第十尊者名半托迦，第十一尊者名罗怙罗，第十二尊者名那伽犀那，第十三尊者名因揭陀，第十四尊者名伐那婆斯，第十五尊者名阿氏多，第十六尊者名注荼半托迦。如是十六大阿罗汉，一切皆具三明、六通、八解脱等无量功德，离三界染，诵持三藏，博通外典。承佛敕故，以神通力，延自寿量，乃至世尊正法应住，常随护持，及与施主作真福田，令彼施者得大果报。”② 可见十六罗汉皆具“无量功德”，因此他们得到佛陀的信任并在佛陀临终时受到嘱托，承担起护持正法、使不灭没之责任，同时可以接受信众的供应和斋请，并能给予施请者大果报。关于施主可得大果报，《法住记》又加以告诫，具体讲明了各罗汉及其僧团人数与常住地及弘法的范围，如果信众能够为四方僧众、佛教庆典设大施会，或将僧尼延请到家中，或可以到僧尼住持的寺中，供给衣食药物等，那么“十六大

---

① 王霖：《7—8世纪的十六罗汉信仰——以玄奘所译〈法住记〉为线索》（上），《新美术》2015年第1期。

② （唐）释玄奘译：《大阿罗汉难提蜜多罗所说法住记》，《大正藏》第49册，第12页。

阿罗汉及诸眷属，随其所应，分散往赴，现种种形，蔽隐圣仪，同常凡众，密受供具，令诸施主得胜果报。如是十六阿罗汉护持正法，饶益有情”①。从中可以看到罗汉现种种形、弘法、令诸施主得胜果报等的功德基本等同于菩萨上求佛果、下化众生的示行功德。显然，菩萨、罗汉信仰和造像在唐宋时期的盛行，就在于它们在更大程度上满足了信众越来越功利化的现实需求。

从净土宗的佛典中，我们可以看到，一方面以罗汉信仰来宣扬一种现报利益：十六阿罗汉以住世护法来为现实中的信众作大福田，有供养必有当下利益的回报和满足；另一方面是以弥勒信仰来宣扬一种后报利益：信众的乐善好施也会令来世利益得到保证，未来将会生活在弥勒佛入世所带来的幸福无忧的理想的现实世界中。一个是现世福报一个是未来福报，二者完美互补，解除了信众的近忧远虑，满足了信众的现实需求，允诺了信众的永久愿望。唐代中期以来，中国进入封建社会发展的高峰期，经济发达，局面统一安定，物质文明繁荣，文化绚烂开放，国富民强的社会现实改变和提升了人们的现世享乐生活，较之前朝前代宗教信仰用以寄望来生的局面，逐渐被现世的功利精神所取代，佛教信仰和佛教造像活动日渐趋于世俗化。信众在供奉和斋请诸神方面，还表现出一供多请的趋势。正如王霖所说：“人们早已经不满足于单尊罗汉信仰，转而寻求扩大对具名阿罗汉的崇拜人数。”② 信众希望同时斋请更多数量的罗汉，要求罗汉具备明确的名称以及不同的具体神力等，这样的结果自然是期望获得倍增的具体利益和无量功德，以满足现实的需求或未来的大福报。在这样的情形下，《法住记》的译出应运而生，伴随着佛典的流传和推进，十六罗汉信仰和造像日益兴盛。正是《法住记》中佛陀对功德神通的十六罗汉的授记和对信众的喻示，奠定了十六罗汉信仰发展的依据和基础，推动并使十六罗汉信仰和造像形成唐宋时期佛教活动的普遍现象。不

---

① （唐）释玄奘译：《大阿罗汉难提蜜多罗所说法住记》，《大正藏》第 49 册，第 14 页。

② 王霖：《7—8 世纪的十六罗汉信仰——以玄奘所译〈法住记〉为线索》（上），《新美术》2015 年第 1 期。

过有关十六罗汉的具体造像仪轨、护法神器、形象特征等，《法住记》中并没有一星半点的内容。且对照《法住记》里十六罗汉的记载，也并未发现印度佛教艺术遗存中相对应的此类题材造像。

宋代以来，北方大型的开窟建寺不再兴盛，仅在陕北地区有一些小型石窟的开凿。佛教活动则更多转向在人们生活的中心城市和乡村建寺造像，由国家行为逐步扩展到民间供奉，从集体祈愿渐次发展为个人诉求；造像内容也经历了魏晋时期印度佛教佛本生题材的神秘悲惨世界，中唐以来佛教汉化神权相合恪守秩序的理想幸福世界，及至宋代佛教完全本土化信仰功利化的现实世俗世界。正是佛教信仰的功利化和世俗化，改变了造像的题材组合样式、规模形制、形式样态，使得具备名号和诸多神力的罗汉信仰和造像得以发展。有佛典支持的十六罗汉信仰在传播和发展过程中，受到本土文化和民间习俗的渗透影响，大约在五代时期，进而在民间演化出“十八罗汉”信仰及其造像，[①] 且成为五代和两宋的重要佛教题材，与十六罗汉并行盛行。

一般来说，佛教造像中的题材，总是在佛教经典的基础上，依据佛典所提供的相关人物、内容、仪轨来创作。然而一直到南宋之前，十八罗汉都没有出现在佛典中，没有任何相关的信息记载；在宋代画史中，有关十六罗汉的记载较为可观，而关于十八罗汉也没有任何记载。周叔迦认为，十八罗汉是在原有的十六罗汉的基础上，由画家另加了两位罗汉而成。[②]

有关十八罗汉的出现及其名称仅见于一些宋代文人的文稿中，[③] 可考的记载主要有两种说法。一是在北宋，主要见于苏轼为五代张玄和贯休所画的十八罗汉像所写的两篇赞文，分别为《十八大阿

---

① 于向东认为十八罗汉至迟出现于五代，参见于向东《五代、宋时期的十八罗汉图像与信仰》，《美术与考古》2013 年第 4 期；阮荣春认为十八罗汉题材大约出现于“宋代淳化年间（990—994）”，参见阮荣春《唐宋时期的罗汉信仰和罗汉图像》，《湖南工业大学学报》2012 年第 2 期。本文采以于向东的推论。

② 周叔迦：《法苑谈丛插图本 · 佛教寺院文化总汇》，上海辞书出版社 1999 年版，第 185—186 页。十八罗汉的最后两尊组合有以下几种主要版本：迦叶和军徒钵叹；迦叶和庆友；庆友和玄奘；降龙和伏虎。

③ 于向东：《五代、宋时期的十八罗汉图像与信仰》，《美术与考古》2013 年第 4 期。

罗汉颂》和《自海南归过清远峡宝宁寺敬赞禅月所画十八大阿罗汉》(宋元符三年，1100)。[①] 前者具体描绘了十八尊者的形象特征，以及罗汉身边的相关动物形象；后者则明确记录了十八罗汉之名，前十六罗汉与《法住记》中所载完全一致，后两位罗汉则一为“庆友”、一为“宾头卢”，庆友即是《法住记》的著者，宾头卢则是原十六罗汉之第一尊者。这种说法亦可在五代贯休的罗汉图题名中见到，这一说法亦流传较远。二是到南宋，佛教史籍中才有了对“十八罗汉”后加两位具体尊者的简略推论，四明沙门志磐在《佛祖统纪》中认为：“《法住记》始宾度罗，终半托迦，凡十六位……十六罗汉出《宝云经》，然宾头卢、罗云已在十六之数。今有言十八者，即加迦叶、军徒。”[②] 也即志磐认为后两位应为迦叶尊者和军徒钵叹尊者。其原因是两尊者为《弥勒下生经》中“四大声闻”的其中两位，而另外的宾头卢尊者和罗云（罗睺罗）尊者已在十六罗汉之列。当代我国台湾学者陈清香认为“十六罗汉”是在“四大声闻”的基础上扩大化而成的，也从侧面肯定了四大声闻皆为十六罗汉之列，并指出五代张玄的十八罗汉图中后加的两位为迦叶和军徒钵叹。[③] 然而，关于第十七罗汉和第十八罗汉的具体名号和身份的问题，并未就此形成定论，一直到清代仍有新的解释。

那么又何以会出现十八之数？究其原因，可能是受到以下几个因素的影响。

一是与中唐以来佛教方面有庐山“莲社十八高贤”之说有关。“十八高贤”指以东晋慧远为社主的十八僧俗高贤社团，并且传说十八贤人与陶渊明、谢灵运等儒士有交往。任继愈在《宗教大辞典》中根据北宋陈舜俞（1026—1076）的《庐山记》列出了莲社十八僧俗的通称；汤用彤则在《汉魏两晋南北朝佛教史》中认为《十八高贤传》是“妄人杂取旧史，采摭无稽传说而成”，而到了两宋时期，陈

---

① （宋）苏轼：《东坡全集》卷98，《文渊阁四库全书》第1108册，第560—562页。

② （宋）志磐：《佛祖统纪》，《大正藏》第49册，第319页。

③ 陈清香：《罗汉图像研究》，台北：文津出版社1995年版，第290、41—44页。

舜俞、志磐等人则采用旧史又做修正。[①]《全唐诗》中有戴叔伦《与友人过山寺》中“谈诗访灵彻，入社愧陶公”，齐已《东林作寄金陵知己》中“十八真贤在，时来佛榻看”，温庭筠《寄清源寺僧》中“白莲社里如相问”，以及《全唐诗补编》中有贯休的《题十八贤影堂诗》等。无论真伪，这些流传下来的诗文和文献记载，都涉及了由僧人组合而成的“高贤”团体，且他们的数量为十八，且与儒士交往甚密，到了宋代关于庐山“莲社十八高贤”的传说又明确得到了修正和确认。这些现象与宋代佛教流行的十八罗汉的德行、数量、儒僧交游、民间盛行等情况极为相似，或可说庐山“莲社十八高贤”对于十八罗汉的出现有着因果之缘？

二是与唐太宗李世民推崇的“十八学士”相关。李世民对当时天策文学馆的十八学士极为重视，曾命初唐名画家阎立本创作《秦府十八学士写真图》，为杜如晦、房玄龄、虞世南等十八学士画像，并令其中的褚亮赋赞。十八学士当是其时在德、识、才、学、体五个方面优秀知识分子个人和团体的杰出代表，为李世民在各个不同的历史时期发挥了重要的作用，[②]《旧唐书》和《历代名画记》等文献对此画作都有记载。[③] 在政治和艺术的双重推动下，“十八学士图”这一题材在五代、宋及至后世，画史上、民间不断有所表现和发展，从绘画的构图、内容、功能等方面看，唐宋之间发生了较大的转折变化。唐代阎立本的“十八学士图”已佚失，据明人王世贞所见《石刻十八学士图》而言：“余曾见此石本，无他布置景物，止一人一像。”[④] 这和阎立本的另一件作品《历代帝王图》形制基本一致，也如东晋顾恺

① 汤用彤：《汉魏两晋南北朝佛教史》，北京大学出版社 2011 年版，第 203—205 页。

② 郑振卿：《秦府十八学士评探》，《河北大学学报》1991 年第 4 期。

③《旧唐书》中记载为《十八学士写真图》，见（五代）刘昫等《旧唐书》卷 72，中华书局 1975 年版，第 2582 页；《历代名画记》中记载为《秦府十八学士驾真图》，见（唐）张彦远《历代名画记》卷 9，浙江人民美术出版社 2011 年版，第 137 页。胡艺认为“驾”是讹字，应为“写”，见胡艺《关于阎立本〈秦府十八学士图〉》，《美术研究》1980 年第 1 期。

④（明）孙鑛：《书画跋跋》，《文渊阁四库全书本》第 816 册，上海古籍出版社 1987 年版，第 95 页。

之的《女史箴图》等，这种“一人一像”，且以文字题赞隔开的构图范式，主要是用于纪念功勋、鉴戒贤愚的，可见继承延续的是汉代功臣图式。后宋徽宗所画的《唐代十八学士图》，其画面完全转换为分段式、文人雅聚情景式构图，清代吴升在《宋徽宗十八学士图轴》中记载：“殿阁参差，左平右城，界画工致。人物有弈棋者、观书者、把笔题咏者，供给使令，前后离立……”[①] 由此可见前代“一人一像”的政治图式至少在北宋已然转向了纯化审美的文人生活描述。同时，这种画面的转折变化与五代、宋以来十八罗汉造像常常会被安置在自然山石涧水情境中颇为相似，这与宋代文人居士和僧人文人化，以及儒僧交往互赏的历史情境也相吻合。也许正是在唐宋“十八学士”典范及其图像发展的影响下，受此启发，作为助佛弘法的佛弟子也有着类似学士辅政的性质，于是在佛教造像中便也出现了“十八罗汉”这一题材的兴盛。

三是有学者认为与古代民间对吉祥数字的认可有关。在中国“十八”是比“十六”更能被民众所接受的数字。陈少丰对十八罗汉之数演变认为：“也许由于‘十八’是中国惯用的成数，习焉不察，便广为流行了。”[②] 王子云也认为是出于一般习惯的“十八”成数。且现有资料显示，五代、宋代十八罗汉造像也主要流传于民间。基于以上几个原因，使得十八罗汉造像在五代、两宋流传并盛行，并由于十八罗汉造像的流行，最终又促成十八罗汉信仰的理论生成，在元代以后罗汉造像更以十八罗汉为主。

二 十八罗汉造像溯源

和佛教其他偶像的崇拜和造像的因果关系不同，宋代则是罗汉造像的流行推动了罗汉信仰的生成，反过来更促成罗汉造像的繁荣。不过即便是佛典中有记载的十六罗汉，经卷中也并没有对应的造像仪轨、形象特征等具体内容的进一步记载，十八罗汉造像更是无籍可

① （清）吴升辑：《大观录》，《续修四库全书本》第1066册，上海古籍出版社2002年版，第586页。

② 陈少丰：《中国雕塑史》，岭南美术出版社1993年版，第432页。

查。在佛教早期的造像中，也可偶见罗汉群像。较之十六罗汉流传更早的罗汉群体是“十大弟子”，他们是释迦牟尼佛生前随侍左右的护法团体，也是在佛陀涅槃后继续传播佛法的稳固团体。《佛观大辞典》中说：“自齐梁时代以降，我国崇拜十大弟子之风即已盛行，其形象亦流布于世。”① 早在北魏和平元年（460），山西大同云冈石窟第一期第18窟东壁上即有石雕十弟子像。其中一弟子像仅残存头部，形象瘦削却刚毅微笑，② 这种“秀骨清像”的造型，分明是透露着乐观信念的清修者。北魏太和七年（485），河南洛阳龙门石窟古阳洞亦可见十弟子线雕像。不过，十弟子造像和佛陀之间有着明显的依附关系。

从现有的文献和图像资料看，可见独立的、固定的十六罗汉群像系统开始出现在唐代末期、五代的绘画和佛教寺庙造像中，当是依据《法住记》而创。虽说经典中并没有关于十六罗汉具体的造像仪轨要求，不过明确记载了十六罗汉的常态：“分散住处，现种种形，蔽隐圣仪，同常凡众，密受供具，令诸施主得胜果报。”由其“蔽隐圣仪，同常凡众”，可见显迹于人间的罗汉样貌是同寻常凡俗僧人形象无异的，而早期佛教史中早有祖师信仰题材，表现传教的行道高僧，即成为罗汉基本形象的来源和基础。阮荣春认为罗汉的形象实际上源于佛教中的祖师像，王子云亦认为：“罗汉是属于禅宗的产物，以达摩为初祖，所以罗汉都是属于达摩、祖师或尊者一类的人物。”③ 没有了佛典仪轨的具体限制，罗汉像的塑造便不必像佛或菩萨等形象受诸多固定程式的约束，可以不拘形式随意发挥，同时又须得表现出他们神通具足的特点，体现出身份的特殊性。而其“分散住处，现种种形”，则类同《法华经·观世音菩萨普门品》中的观世音三十三应身：“观世音菩萨成就如是功德，以种种形游诸国土，度脱众生。”罗汉因要“与施主作真福田”，也必然“现种种形”以方便施行神力。应化信

---

① 释慈怡主编：《佛观大辞典》第1册，佛光出版社1988年版，第369页。

② 张明远主编：《山西石刻造像艺术集萃》，山西科学技术出版社2005年版，第6页。

③ 王子云：《中国雕塑艺术史》（中），人民美术出版社2012年版，第407页。

仰本就是佛教信仰的具体形态信仰，从这个层面上，罗汉形象的塑造又得以扩展，受唐代以来佛教教义的世俗化发展和佛教造像的人性化变化的影响，罗汉形象造型自由，个性多元，变化丰富，于神性中注入了极大的现实性和人情味。

佛教作为外来宗教要在中国得以稳固发展，必然要做出一定的调整和退让，唐代佛教宗派曾在哲学理论的高度上积极调和，以克服其出世精神与儒家入世思想的矛盾，积极提倡“世间法”和“出世间法”的一致。与此教理相适应，自五代及至两宋画罗汉的画家渐次增多，名家辈出。五代时以蜀地张玄的“世态相”和稍后贯休的“出世态相”两种不同风格取向最具代表性。张玄所画的罗汉像，文献有载：“张玄者……尤善罗汉。当王氏偏霸武成年（908—910），声迹喧然，时呼玄为张罗汉……前辈画佛像罗汉，相传曹样、吴样二本……玄画罗汉吴样矣。今大圣慈寺灌顶院罗汉一堂十六躯，见存。”[①] 从中可知，唐末五代初的张玄因画罗汉而名声大振，其所创罗汉像是承继了吴道子的人物画风格特点，即传统工笔写实且着意于体积感表现的样式，并有作品为证，惜今已无真迹留存。贯休笔下的罗汉风格特征，文献亦载：“禅月大师……天福年（936—944）入蜀……善草书图画，时人比诸怀素，师阎立本。画罗汉十六帧，庞眉大目者，朵颐隆鼻者，倚松石者，坐山水者，胡貌梵相，曲尽其态。”[②] 由引文可知，贯休的罗汉像是取梵人相，相貌古怪，并将他们置于山水之间，增加了罗汉活动的世俗场景性。并且从贯休的罗汉传本作品来看，更多是带有夸张变形的手法，有创新意笔画特征，重在传达罗汉自身形象的怪异和独特的神性气度，按贯休自己的说法，这些罗汉形象都是他据梦中所见而画。这种超脱凡俗的怪相在当时主要受到了皇室达官和文人的追捧和喜欢。其中也有如伏虎罗汉像，相对而言，降龙罗汉和伏虎罗汉形象普遍流行；贯休笔下瘦骨嶙峋的罗汉像，显然对崇庆寺瘦罗汉形象有影响，他们保留了肋骨毕现身形瘦

---

① （宋）黄休复：《益州名画录》，秦岭云点校，人民美术出版社 2016 年版，第 28 页。

② （宋）黄休复：《益州名画录》，第 55 页。

削的特点，但舍去了怪诞夸张的胡貌梵相。而张玄式的罗汉形象，除了写实的罗汉人物，通常会配上相应的祥瑞动物形象符号，带有鲜明的民间趣味性。五代后周广顺三年（953），杭州翁家山烟霞洞内残存的十八罗汉（或说十六罗汉）石刻造像是目前所见最早且保存较好的实例，现存的 11 尊五代时期的罗汉像手法写实洗练，姿容刻画生动，并伴有祥瑞动物形象，应该是张玄式“世态相”的风格反映。其伏虎罗汉（图 27）[①] 据考为五代原作，[②] 形态写实自然，造型准确，线条洗练，尤其是小虎前腿卧后腿立沉身挺腚、伸颈向罗汉，罗汉则顺手握虎尾，人物与动物关系的处理生动和谐；而降龙罗汉（图 28）[③] 据考为清末修补，[④] 其两腿的坐姿与崇庆寺的降龙罗汉几近一致，不过后者比例合适，动作舒展，写实精致，趋于完美。另外，烟霞洞内降龙罗汉左侧的岩壁上还雕刻有浮雕龙（为后世补雕，“降龙对面壁上原有浮雕大龙，在修补时凿去另雕小龙，色彩犹新，原来大龙尚存有尾、爪未被凿净”[⑤]），这一配置在崇庆寺三大士殿内亦有相似的表现，在降龙罗汉右上方的梁架上也雕刻有飞龙。如果说杭州烟霞洞内后世修补的降龙罗汉是对五代原像的仿作，那么虽说一南一北，但二者所体现出来的高度相似应该是因为南方流行的粉本流传到了北方。在此仅做推测，有待考证。

五代时期，中原动乱，后周灭佛，佛教造像受滞；而南方的西蜀、吴越等地则社会安定，经济发达，禅宗尤盛，在民间广为流传，成为罗汉造像的集中地和发散地。北宋以来，随着国家的逐步统一，

---

① 图片来源：猛虎从的博客：《烟霞洞造像》，2017 年 4 月 21 日，http://blog.sina.com.cn/s/blog_e305b0af0102xapx.html，2021 年 1 月 11 日。

② 余剑华等：《杭州五代宋元石刻造像复勘后的一点意见》，《文物参考资料》1956 年第 12 期；杨瞻：《诸天龙象——杭州烟霞洞石窟残迹考》，硕士学位论文，中国美术学院，2017 年。

③ 图片来源：猛虎从的博客：《烟霞洞造像》，2017 年 4 月 21 日，http://blog.sina.com.cn/s/blog_e305b0af0102xapx.html，2021 年 1 月 11 日。

④ 杨瞻：《诸天龙象——杭州烟霞洞石窟残迹考》，硕士学位论文，中国美术学院，2017 年。

⑤ 余剑华等：《杭州五代宋元石刻造像复勘后的一点意见》，《文物参考资料》1956 年第 12 期。

社会渐趋稳定，佛教造像在宋朝历代帝王抑制式的崇奉中再度发展，此时菩萨和罗汉成为最重要的题材。北方寺观中的菩萨、罗汉造像也得以发展，其中十六罗汉题材依然流行。与此同时，民间在十六罗汉的基础上加入新成员，形成十八罗汉群像系统，这当是我国民间佛教造像的衍变和创新，及至南宋这种情况更盛。当佛典中收入十八罗汉时，可见民间造像的流行与繁盛反过来促成了新的信仰的形成，这种情形可说是中国佛教的创举。随着北宋画院的成立，山水和花鸟画的兴盛，以及文人画的兴起，道释画主流地位渐衰。“十六罗汉”“十八罗汉”“五百罗汉”等罗汉群像更多出现在各地的官方或民间宗教寺院造像中，以塑像和壁画的形式呈现。五代以来张玄式和贯休式的两种罗汉艺术风格，可谓是一写一意，既继承了传统佛画的手法风格，亦开拓出新的风格样式，且前者加入祥瑞动物形象以强化罗汉尊者的神通法力，后者的罗汉像则以梦中想象之怪异梵相以别于普通人、亦在突出罗汉的神性，它们共同成为后世罗汉造像的依据和范本，并且愈加世俗化。这两种罗汉造像的范本，在崇庆寺宋塑罗汉像的创作中，以张玄式的写实造型加祥瑞动物组合为主，并适当加入了贯休式夸张写意的造型特征，但整体面貌和形象上更接近现实中的僧人的样貌和情态。

另外，宋代画史中关于十六罗汉图像和画家的记载还是比较丰富的，但关于十八罗汉却没有任何记载。应该是正规的画史一般不会记录没有经典依据的十八罗汉图像，同样，正统的寺院殿堂一般也不会采用民间流行的十八罗汉题材。如是，崇庆寺（民间寺院）十八罗汉像和青莲寺（正统寺院）十六罗汉像恰好就是实证之例。

第三节　三大士和十八罗汉配置组合的信仰变化

一　三大士与十八罗汉配置组合的信仰转变

史岩在《中国美术全集》五代时期的佛教雕塑概说中曾言：“南

方原为佛教禅宗的根据地……为适应各阶层信徒的需要，禅宗信仰的中心对象，由佛转移到比较有‘现世得福’现实意义的观音、地藏、罗汉、祖师等方面。”① 这是一种世俗化、民间化的佛教思想，成为五代和宋的主流佛教艺术思潮。这一变化是以菩萨和罗汉为主的新的崇拜对象和造像题材，大大扩展了佛教艺术的表现范围，体现出鲜明的时代特征。

崇庆寺三大士殿内的彩塑群像，正是由以菩萨为主的三大士群像和以罗汉为主的十八罗汉群像共同组合而成，将两种新题材同塑一堂，突出了北宋佛教信仰中心的转移和造像题材变化的世俗性特征。三大士组合的题材样式是在佛典教义的基础上演化而出的本土化偶像组合，十八罗汉群像题材是在经典中记载的十六罗汉的基础上由民间自发而创，完全是本土化偶像崇拜的独创。比之远在天国代表抽象义理的佛本身，菩萨与罗汉都具有上求成佛果位、下化众生的功德和性能。在形象塑造上，三大士殿的菩萨像和罗汉像承继唐代以来的造型特点也更趋世俗化。三位菩萨形象完全脱离了经典教义中的男性特征转而女性化，且皆为“自在坐”，温婉闲雅，神情姿态让人喜爱信赖；十八罗汉群像则更是以世俗中的男性僧人为创作原型，并以汉僧样貌为主、间以梵僧组合而成，他们体量近常人，形态各异，个性自由，令人倍感亲切生动。菩萨形象的女性化和罗汉形象的僧人状是从性别上的具象人性化，大大削弱了以往佛教造像中强调的抽象疏离的神性特征，增加了佛教形象的人性化和人情味，缩短了人与神之间的距离和关系，推动着“现世得福”世俗佛教思想的进一步扩展和普及。

二　菩萨与罗汉配置组合的类型及其信仰

罗汉和菩萨造像的组合配置出现略微偏晚。张凯认为，十六罗汉图像的配置主要有四种类型：一是与释迦佛的配置，出现最早，唐末五代宋初多见，包括与单尊的释迦佛，或三圣，以及多尊释迦佛、菩萨、弟子的组合。二是与三佛的配置，主要盛行于北宋中期。三是与

① 史岩主编：《五代宋雕塑》27卷《中国美术全集》，第3页。

观音菩萨的配置，亦盛行于北宋中期。最后是十六罗汉的独立造像，多见于北宋中后期至南宋。① 崇庆寺三大士殿的十八罗汉与三大士（观音为主尊）造像的组合配置，基本可以归属于第三种类型的演变。一方面以华严三圣的衍生组合三大士作为极具代表性的图像符号，同时综合了小乘和大乘的罗汉观，形成了十八罗汉修菩萨行证得佛果的修行过程，体现了华严思想的精髓，呈现一个井然有序的佛理世界。另一方面可以看作民间盛行的佛教本土化造像题材的重要代表，华严三大士的主尊观音菩萨和护法罗汉同可现种种形，为信众做现世福报。而稍后，同在山西境内的青莲寺观音阁的观音和罗汉造像组合，则恰恰是有着佛典教义支撑的十六罗汉和观音菩萨的组合，菩萨两侧有龙女和善财童子辅像（图 29）。两处寺观罗汉与观音群像的配置，呈现出北宋中期最为常见的佛教造像题材的世俗化组合，反映了佛教造像在依据佛典基础上的灵活变化，以适应当时代信众信仰重心的转移。

事实上从罗汉像与其他佛教对象的题材组合中，首先，是打破了与佛组合的单一性，在北宋时期出现和盛行多元化的各种组合，即便单单是和观音菩萨的组合，也是与不同观音组合题材的配置。而这种多元化的组合配置是伴随和渗透着佛教信仰的变化。唐末五代初，十六罗汉主要是和佛组合出现的，这个现象对应佛教思想的“末法观念”②，是佛教早期危机意识在现实中的体现。佛典中十六罗汉是授记于佛陀涅槃时的嘱托而担当起住世护法的职责，而罗汉信仰的和罗汉造像的兴起，恰逢唐末五代社会剧变动荡不安，百姓陷于苦难之中，后周世宗灭佛令佛教遭受重创，佛教徒们在危机中自救并救世，故与释迦佛相结合的十六罗汉信仰应时而现。其次，北宋中期，尤其是仁宗（1033—1063）到神宗时期（1067—1085），变法革新，励精

① 张凯：《五代、两宋十六罗汉图像的配置与信仰》，《宗教学研究》2020 年第 1 期。

② 末法观念，来自玄奘所译的《佛临涅磐记法住经》等佛教经典文献，是关于未来佛教的发展预言。佛典认为佛去世后，佛法在世间的流行会经历正法、像法、末法三个时代，其中末法时代佛教教义虽在，但不能证果。末法时代约从 6 世纪开始，经一万年，佛法灭。

图治，社会经济繁荣，文化艺术兴盛。佛教各宗派思想出现了相互融合的现象，并偏向于“净土观念”。十六罗汉信仰是作为净土宗弥勒下生前住世护法的圣团，以满足众生的现世福报，而未来佛弥勒信仰则是满足众生的往生福报，以通往“净土世界”。二者之间形成了一个整体的崇拜仪轨，以此构筑净土宗稳定的信仰体系，如此三佛与十六罗汉组合就成为北宋中期盛行的题材，这种组合在陕北宋代石窟造像中较为普遍。

与此同时，在宋代儒学复兴的强大背景下，佛教要继续生存和发展，意味着佛教思想需要蜕变，需要向儒家思想靠拢，需要配合现实的政治文化生活，迎合信众世俗的信仰取舍，满足信众现世的功利化需求。一方面，十六罗汉或十八罗汉与观音菩萨的组合成为其时另一重要的组合表现题材，深受民众信赖，在民间广为流传。以人性化的菩萨作为凡人与佛之间沟通的神，以罗汉作为现世福报的直接施行者，从不同层面、更大限度地满足信众的各种具体需求，现世福报。另一方面，由于菩萨和罗汉两种信仰均具有救难赐福的功能神效，所以罗汉群像与观音菩萨的组合并不存在明确的等级区分，而是一种趋于平等的组合，这也意味着在这种组合中，十六罗汉或十八罗汉信仰具有相对的独立性，这种现象再往北宋后期至南宋则会出现完全的独立。罗汉在早期佛教造像中是以个别侍者、弟子的身份为主的，最常见的就是佛左右的弟子迦叶和阿难，且信仰的中心是佛主。而当罗汉由低等级的僧人提升为与菩萨对等的神祇，由配角身份转为全能的主神地位，那么无论是罗汉和菩萨的组合，还是十六罗汉或十八罗汉信仰独立和造像盛行，实则都是功利化“果报观念”反映。一个现实是，随着北宋崇文风气优仕制度的发展，平民知识分子有了跻身仕途的机遇，且文人多与禅僧交往密切，崇庆寺十八罗汉中的汉僧形象颇有儒者气度，佛教中罗汉身份和地位的提升，仿佛现实中普通士人在仕途中的加官晋爵。

第四章　三大士殿宋塑的艺术特点

崇庆寺三大士殿的彩塑组合是北宋时期佛教造像不可多得的重要代表。其题材组合方面，突出了以菩萨和罗汉为主要表现对象的典型时代特征；排列布局方面，呈现出井然有序、和谐均衡的佛教信仰世俗化的氛围；形象塑造方面，表现了造像个体与组合的写实、夸张、装饰相统一的造型特点。

在崇庆寺三大殿中可见到偶像崇拜的转换，即以世俗化的“三大士”菩萨组合取代了以佛为中心的传统“三圣”信仰模式和造像模式，以同于普通僧人形象的十八罗汉群像取代了围绕在佛周围的菩萨、天王、力士等各级神像，以塑像与建筑空间、塑像与偶像符号、塑像与塑像组合之间的绘画性特征，营造出具有一定象征性的人间现实场景。这一系列的变化，极大地突破了宗教造像原有的宗教仪轨，趋向于表现具体生动的人和人的日常生活的普遍现象。其艺术和美学特征由隋唐时期注重凸显偶像的理想范式、恢宏伟丽，转而追求偶像写真的具体而微，典丽雅致。

将崇庆寺十八罗汉像与同时期晋城青莲寺十六罗汉像、山东长清灵岩寺罗汉群像作比较分析，可见出崇庆寺十八罗汉题材既体现了北宋佛教造像的民间化，又体现出北宋中晚期儒学为主导，儒佛交融，使得佛教人物形象创造出宋代儒家士人和佛门禅僧所共同追求的写实而理想化的“温润含蓄气象”①。

---

① （宋）程颢、程颐：《二程遗书》，上海古籍出版社2000年版，第246页。

第一节　对称平衡的排列布局

对崇庆寺三大士殿内宋塑的排列布局，拟从彩塑与建筑空间的关系，彩塑组合的位置关系两个方面来分析。

一　彩塑在建筑空间中的位置和体量变化

三大士殿是崇庆寺的西配殿，坐西向东，殿内面积约 64.6 平方米。三大士像所在的神坛后贴于大殿西壁，平面接近正方形，面积约 13.5 平方米；紧接神坛南北两侧，贴墙围筑左右对称的长坛，坛上塑十八罗汉像。与同时期北宋太原晋祠圣母殿相比较，圣母殿作为国家层面祠庙建筑的主殿堂，空间宽敞，其面积约 199.5 平方米，三大士殿则是民间寺院的配殿建筑，空间有限、规模较小。从彩塑在殿内空间中的位置来看，这一退二贴墙，使得殿内神坛和长坛前的空间集中且较为宽敞，便于信众的祭拜等活动。主神坛后移贴壁，一方面显然是受制于建筑空间的有限性，当然还包含着与寺内主殿神坛居中相区别的因素；另一方面也体现了宋金中期以来彩塑位置在建筑空间中的变化。受配殿建筑性质和殿内有限空间的限制，不仅改变了彩塑位置的空间变化，同时也直接改变了彩塑体量的缩减。殿内三大士和十八罗汉像的尺寸整体大为缩减。居于佛坛中心的三菩萨像坐在各自专属坐骑背部的莲座上，各坐骑又伏卧在高度近 0.40 米的岩石底座上，一层层叠高。然主像观音菩萨通高 2.63 米，净高 1.71 米；文殊菩萨像通高 2.44 米，净高 1.56 米；普贤菩萨像通高 2.40 米，净高 1.57 米。（文殊和普贤菩萨为新塑的尺寸，仅供参考）主尊观音菩萨通高仅比左右助力菩萨像高出约 0.20 米，也即三大士像的身高体量彼此接近，大小比例趋向均等。同时由于三大士体量和高度的整体缩减，弱化了前代或主殿的高大佛像带来的压迫感和威慑力，增加了亲和力和信赖感。但因其被安置于佛坛之上，加之像通高在 2.40 米到 2.63 米之间，仍处于观者的仰视视域内，仰视本身内含着对神的尊敬和崇信，因而又保留了菩萨的神通性质。两侧长坛上的十八罗汉群像，或坐于须弥座，或坐于岩石座，通高在1.52米到1.66米之间，净高在0.91米到1.47米之间（有盘腿坐像和垂腿坐像之别），头部平均高度为0.27米，略高于真人身高。通过凡人般的身高比例和相貌特征，将神与人的距离拉近、界限模糊，为偶像幻入佛像所缺乏的亲近感；又通过长坛和台座的高度，将罗汉像的整体高度提升到2.25米左右，高于常人视平线，约在三大士像高度的三分之二处，使观者在面对或祭拜十八罗汉像时，势必亦略呈仰视状，因而又定位了罗汉像的“神”性身份。三大士殿内彩塑群“亦人亦神”的特点，将唐代以来佛像造像的世俗化倾向向前更推进一步。

另外，彩塑与建筑空间灵活关联。殿内北侧的降龙罗汉扭颈抬首、目光如炬，顺其视线向上观望，可见高空梁架上雕刻着一条腾云盘绕的飞龙，生动地表现出“飞”的特点，巧妙灵活地营造出罗汉降龙的场景，增加戏剧性气氛，使塑像与建筑空间形成一种不可分割的整体关系（图30、图31）。

二　彩塑排列组合中的对称与平衡

在整体的形式配置上，三大士像居于殿内当心间的方形神坛上，十八罗汉像则置于南北次间的长坛上，左右各9尊，西墙前左右各2尊、合坐同一台座；西南角和西北角各1尊，南墙前和北墙前各6尊，对称围合在三大士像两侧，井然有序，对称均衡。及至北宋，十八罗汉已是佛教寺院里十分流行的题材，和观音菩萨配置同塑一堂是较为常见的一种组合。作为寺院殿堂固定和有限空间的群像塑造，以及罗汉身份所限，一般来说，他们会被分布在观音主像的左右两侧；同时，为保证寺庙佛事活动和信众朝拜的有效空间，罗汉群像通常会沿墙而塑，空出殿堂前部的大面积空间；再者，罗汉作为独立驻世的佛法传播、守护者的菩萨身份，会以坐像塑造，以示其神祇地位。崇庆寺十八罗汉像和观音菩萨像即是这种组合排列的典型例证。这一点在晋城青莲寺观音阁，其内观音菩萨与十六罗汉像的组合中亦可见到。观音阁为东配殿，殿内并没有为观音菩萨像专门砌筑神坛，仅有一“U”形长坛台座，高约 0.44 米，环南、北、东三墙而筑，观音菩萨坐像位于当心间长坛台座的中心位置，净高 1.70 米；十六罗汉坐像同塑于连通统一的长坛台座上，分置在观音菩萨像的两侧，左右各 8 尊，东墙前左右各 3 尊，南墙和北墙前各 5 尊，罗汉像净高在 1.03 米到 1.37 米之间，略低于常人身高。观音菩萨像体量虽高大于罗汉像，且处于众像的中心位置，但显然更强调其形式上的主次关系；而其作为主尊的神祇身份，则是从局部通过与左右两侧小体量侍从立像的对比来彰显，龙女像净高 1.05 米、善财童子像净高 1.06 米。[①] 由于建筑空间的缩减引起的彩塑体量的缩减，崇庆寺和青莲寺的罗汉群像，在体量尺寸的选择上都非常接近现实中的常人身高，无疑强化了佛教造像的世俗性。

三大士像在组合排列方面，采用了魏晋以来多见的传统三圣组合，即一佛二菩萨的组合范式。观音菩萨像居中，坐骑横置，文殊菩萨像和普贤菩萨像位于观音菩萨像前方左右两侧，坐骑彼此平行，与观音菩萨像的坐骑呈垂直关系。坐骑上的文殊菩萨像和普贤菩萨像一左一右侧身相向、对称而置，三菩萨像本身构成一个等边三角形，既有主次之分，又相互制衡，形成一个完整稳定的信仰体系。十八罗汉像分布于三大士像两侧的南、北、西三墙前，左右各 9 尊，整体布局对称均衡，静中寓动，既统一又有变化。具体表现在：一是罗汉群像由汉僧和梵僧交错组合而成，比例上汉僧占绝大多数，共 14 尊，梵僧仅 4 尊；二者在身份、数量、色相和姿容上互衬互补，形成了一多一寡、一文一武、一白一赤、一静一动的鲜明对比。二是罗汉像的台座分须弥座和岩石座两种，它们交替间隔排列，象征着罗汉的尊者身份和世间常态。三是各罗汉既具有单尊塑像的独立性，同时像与像之亦彼此关联和互动，形成不可分割的整体。如北次间的罗怙罗尊者像结跏趺而坐，双手相合拢于袖中，双眼闭合沉思冥想，好像独处于无

---

① 青莲寺观音阁彩塑数据为笔者参与的课题团队实地考察测量所得。另，柴泽俊、柴玉梅《山西古代彩塑》中关于观音菩萨、善财童子和龙女像的通高分别为：1.80 米、0.94 米、0.98 米，十六罗汉像的身高在 1.23 米到 1.43 米之间，低者为双腿盘坐。柴泽俊、柴玉梅：《山西古代彩塑》，第 22—24 页。

人之境；而三大士像两侧的四尊罗汉像，则分别采用了两尊合坐同一台座的形式，加强了像与像的共情环境；再如南次间的欢喜罗汉和挖耳罗汉斜向相对，一个双唇开启眉飞色舞，好像正讲到兴致处，一个则侧耳倾听龇牙咧嘴，似乎急于辩解，争论正酣，如此等等。这些本没有生命的塑材，因为塑者的用心良苦和卓绝技巧而赋予了它们生命和活力。

第二节　精致典雅的写实造型

写实性是中国艺术发展到北宋时期的一个突出特点，也是一种突破式的进展。受到绘画图像呈现方式的影响和启示，崇庆寺三大士殿宋塑的写实性，一方面表现为单体塑像的高度写实，技艺精湛，比过去更具体、更精细、更逼真，追求一种精致典雅的造型风格。李松曾评价："……三大士和十八罗汉，创立了一种富于装饰性的华丽风格，手法夸张，形象生动，其中的优秀作品塑造水平足可与灵岩寺宋塑的罗汉像相颉颃。"① 另一方面表现在塑像的组合方面，如为罗汉配置代表神力的动物符号，配置岩石座以表达和暗示罗汉活动的自然空间，以及像与像之间的交流互动等，使原本单独的塑像之间形成相互关联的整体，营造一种场景性的造像氛围。

一　秀丽典雅的菩萨造像

（一）菩萨形象的女性化特点

如前文所述，崇庆寺三大士殿的三大士像，最近一次的修复、复制，是今人于2003年所为。主尊观音菩萨像仅作局部修复，基本保持宋塑原貌；文殊和普贤两菩萨像则是今人复制的新塑，但尺寸规模、衣饰形态均仿旧制；三大士的大型坐骑亦仅局部修补，均为宋塑。观音菩萨像为正面自在（安乐）坐像，性别塑造上偏于中性。其

① 李松主编：《五代宋寺观造像》2卷，《中国寺观雕塑全集》，第12页。

手法精致写实，造型风骨俊朗，姿态端直闲适，面相柔中带刚，神情端严雅正，既带有食人间烟火的气息，充满人性和世俗情趣，又不失佛界尊者的威仪，或说足具佛格特征。其上身裸状为唐代菩萨造像之遗风，身形则弃肥而秀健，时代风貌昭然若显。可能是因为在三大士的组合中观音菩萨替代了佛的原因，隋唐时期观音菩萨造像形成的几个标记性特征：一手持水瓶，一手握莲茎（或柳枝），冠上有化佛，都没有在此出现。身姿也没有“三段式”的曲线特点，相反其坐姿采用了“水月观音”式的自在坐，使得菩萨的身份得以明确，而观音身份的进一步确定则是通过左右配置文殊菩萨和普贤菩萨及各自的坐骑。观音菩萨像的莲座设置在金毛犼坐骑的背上，金毛犼横卧在佛坛上，身形健硕、扭颈抬首、敛眉瞠目、面向前方，通身描金绘彩、披辔挂铃。华丽的神兽上耸立着莲台，闲雅端严又安适自在地坐于其上的观音菩萨像，既传递出神者人化的特点，又以菩萨特定身份的姿态、服饰和坐骑衬托出人者神性。比较而言，晋城青莲寺观音阁的观音菩萨像同为端直闲雅的自在坐像，亦无化佛冠、水瓶和莲茎，其身份通过塑像组合中左右的善财童子像和龙女像来确定；上身不再袒露，衣饰既有菩萨的璎珞天衣，臂钏腕钏，又内束僧衹支，外覆佛衣蔽双肩。其身形较之崇庆寺的大士像要圆丰厚实，面相方圆，五官塑造明显如常人妇女，神情端严间露慈善悲悯。两尊观音菩萨像如从整体艺术造型特点上讲，崇庆寺观音像技法更高超娴熟，塑造精致华丽，写实具体细腻，尤其是身形秀健内敛雅致，有明显的宋代风貌，属民间造像的上乘之作；青莲寺观音像则身姿丰健朴实自然，女性化和世俗化特征比较明显，多少承续了唐代遗风而气度宏阔。

文殊、普贤菩萨像虽原宋塑已毁，所幸有旧像的图片资料留存。（图 32、图 33、图 34）① 通过与现存观音像比较，从原塑图片中可见两位助力菩萨像的姿态、衣饰大体和观音菩萨像一致，皆绾高髻戴华冠，上身仅披天衣挂璎珞，下身裙裾覆腿，裸臂赤足，戴臂钏腕钏，在人物的整体处理上明显突出了女性特点。细观两菩萨像，它们整体

① 图片来源：李松主编：《五代宋寺观造像》2 卷，《中国寺观雕塑全集》，第 101、100、98—99 页。

比例和谐，体态丰盈秀润，突出女性的纤巧柔和，细节塑造既合乎解剖、又遵循时代美感。它们四肢与躯干聚拢，动作幅度较小，面庞丰腴秀丽，五官小巧精致，皮肤质感如真。它们坐姿不像观音菩萨像那般秀挺，略微前倾内收，姿势自然放松，文殊菩萨像双腿垂坐，普贤菩萨像一腿自然下垂、一腿盘曲于莲座。它们衣简纹繁佩饰华美，举手投足娴雅柔静，文殊菩萨像含颌垂目，温婉和善，普贤菩萨像似笑非笑，慈中隐严，论体肤仍余唐代宫娃状貌，然而神情姿态高贵间端丽亲切，令人信赖。塑像技法纯熟，手法精致细腻，人物于沉静中仿佛有种活泼泼的生命感，恍如两位宋代贵族妇女“对之如面”，于自然亲善间彰显华贵和尊严。用李泽厚的话来评价两尊菩萨像再合适不过：“它比唐代更为写实，更为逼真，更为具体，更为可亲甚至可昵。”①这恰恰是宋代宗教造像较之前代的巨大成就，创造出了另一种雕塑美的典范。

与原像比较，新塑的文殊菩萨像和普贤菩萨像缺少原像那种精准细腻的细节处理与逼真生动的人性和人情味（图 35、图 36）。应该说今人复制的这两尊塑像，尽管从技术、情感的层面而言已属于今天的优秀作品，然而今人的技艺情感并非宋人的技艺和情感，今人作品中的形和神也就远非宋塑的形和神。崇庆寺宋塑三大士像，可以说是在泥塑彩绘中深化了写实的新境界，是在艺术创作中对宋代“格物致知”时代精神的一种回应。其写实技巧与人物精神、时代审美相融，精细到一个眼神、一根手指、一条衣褶……都传递着精微的质感、流动的韵律、真切的情感，而这每一处细节又无不服从于人物的整体塑造，呈现一种精致细腻的写实美。观音菩萨像因具佛格性质，没有特别强化性别特征，文殊和普贤两菩萨像则丰骨柔肌，温婉秀丽，带有明显的女性特征，这种菩萨女性性别的精细化和浓郁的人情味正是世俗化的具体表征。可以说崇庆寺三大士像的塑造，将魏晋以来人物创作“形神兼备”的审美追求推向另一个新的层面，并由唐代丰腴肥美的审美特点转向宋代秀丽典雅的风格特征。

---

① 李泽厚：《美的历程》，生活 · 读书 · 新知三联书店 2014 年版，第 126 页。

（二）与法兴寺十二圆觉菩萨像的比较

菩萨题材作为宋代造像的重要现象，在山西除了崇庆寺和青莲寺两处以观音菩萨和罗汉为组合的造像，还有法兴寺圆觉殿的十二圆觉菩萨像。法兴寺与崇庆寺同在长子县，且相距不远，由寺内所存北宋政和元年（1111）的《新修圣像之记》碑刻和北宋政和二年（1112）的造像功德碑为证，十二圆觉菩萨像塑于北宋政和二年（1112），碑中还明确记载着塑匠人冯宗本的名字。圆觉殿坐北向南，面阔三间，进深三间，单檐九脊顶，殿内中心设置巨大的佛坛，平面为“凹”字形，上塑“华严三圣”，主佛释迦牟尼和胁侍文殊、普贤二菩萨像，以及迦叶、阿难二弟子像，护法二金刚像，原像塑于宋政和元年（1111），因明代重修重塑，已失宋风。佛坛左右，依东西两壁对称分布着十二菩萨像，后世虽有重妆彩绘，但基本保留了宋代原塑风貌。

首先，是十二菩萨的身份。北宋末期到南宋时期逐渐流行十二圆觉菩萨题材，在《圆觉经》中，十二圆觉代表12个法门，引领十万菩萨与佛主释迦牟尼提问作答。张宇飞认为这组菩萨并非《圆觉经》中的“十二圆觉菩萨”，而是以“十地菩萨”为主的一个组合，可从政和二年（1112）的造像功德碑中找到依据。① 明嘉靖十年（1531），在《重修慈林寺记》一碑出现“圆觉殿”之前，圆觉殿一直被称为“大殿”或“佛殿”；而殿内当心间神坛上的主像为“华严三圣”，十二菩萨像是东西次间的辅像，从殿名变更和十二菩萨的位置来看，确实不应该是“十二圆觉菩萨”。再从北宋时期陕北较为活跃的石窟造像来看，十二圆觉菩萨造像的出现也是非主流的题材，仅存一例。② 南宋以后较为多见。但这一现象至少可能说明，山西北宋时期菩萨造像的流行和题材的多样化。

其次，从造像的艺术特点来看，法兴寺圆觉殿的十二菩萨像和崇

① 郭秋英，耿剑：《山西长子县法兴寺圆觉殿彩塑研究》，《山西大学师范学院学报》2001年第3期。

② 李静杰：《陕北宋金石窟佛教图像的类型与组合分析》，《故宫学刊》2014年第11期。

庆寺三大士像是有区别的，明显带有唐塑及五代雕塑的特征和神韵。十二菩萨像皆为坐于须弥莲台座的独立塑像，像通高在2.20米到2.45米之间，净高在1.50米到2.10米之间（盘腿坐和垂腿坐两种），[①] 各菩萨像面相相似，神情庄严，程式化特征明显，但坐姿和手势各不相同，丰富生动。皆体型挺拔圆润结实，额丰颊圆，细目垂视，立鼻闭唇，气度雍容，整体形态、表情、气度高度统一。细观之，表情略有差异，有的偏严肃、有的偏温和。束发立髻，头饰素朴无冠，衣饰以洗练为主，不尽相同。看坐姿，有的双腿盘坐，有的双腿垂坐，有的一抬一垂，有的一抬一盘，有的一盘一垂，或方向不同，或角度有别，总之无一重复（图37、图38、图39）。[②] 其中思维菩萨一像塑造得最为生动，其坐姿舒适自在不失庄重，只见其右腿垂坐足踏莲蹬，左腿抬起赤足落于莲座，右臂自然下垂以手抚于大腿，左臂抬起外撑以肘支于左膝，前臂内收，左手背伸开似欲托腮；上身裸露微微左倾，头颈顺势略向左歪，上身至头部发髻顶端形成柔和的弧线，菩萨面部因哲思开悟而隐含微笑，整体形象饱满丰润，形态优美自然，雍容大气（图40）。[③] 实际上，整个圆觉殿从宽大的“凹”形神坛，及其上的一佛、二弟子、二菩萨、二金刚的组合排列，都明显沿袭唐、辽旧制，“各像布列方法与五台唐建南禅寺大殿和平遥五代时北汉建镇国寺万佛殿近同”[④]。另外在造像上，镇国寺菩萨像身形丰腴结实，面型长丰，尤其是眼睛细长的特点，那种破浑圆趋秀长、间于唐宋的过渡风格，在圆觉殿的菩萨像中也有比较明显的表现。

如果说三大士像是北宋开创的秀丽、盈润、雅致风格的代表，那么十二菩萨像则更多继承了唐代健美、硬朗且丰圆和五代趋于修长的风格特征。另外，和三大士像的华丽装饰风相比，十二菩萨像则素髻简衣，表现出一种以传承唐韵为主，同时也纳入宋代出现的神像“平

---

① 菩萨像高度数据来源于：柴泽俊、柴玉梅：《山西古代彩塑》，第40—41页。

② 图37、图38、图39，张明远拍摄。

③ 图40，张明远拍摄。

④ 柴泽俊、柴玉梅：《山西古代彩塑》，第40页。

民化”的时代风貌。

二　精致写实的罗汉造像

从保存的完整性和写实性来看，崇庆寺宋塑十八罗汉像的表现更为充分和鲜明。在形象的塑造上，罗汉是以现实中的僧人为原型，对生活的观察和体验为基础，个体造像更真实、自由、多元，其表现具体精微、细节丰富、装饰考究，写实中见夸张，日常化中见理想化。在塑像组合方面，从为罗汉像配置代表神力符号的祥瑞动物像，为罗汉像配置体现其世俗生活环境的岩石座，到像与像之间的交流互动，在静态造像的组合中营造情境式动态场景的氛围。

（一）罗汉单体造像的装饰性写实

崇庆寺三大士殿罗汉像的写实性主要体现在群像以身份、年龄、情态和僧衣的类型化为基础，个体形象塑造则具体真实，局部和细节刻画精微细致，写实中见夸张却不浮夸的特点。从身份上看，十八罗汉分为汉僧像和梵僧像两种，汉僧多梵僧少，特征鲜明。从年龄上看，十八罗汉分为青年、中年和老年像三种类型，汉僧中青年罗汉圆润俊逸、老年罗汉瘦削持重，界限分明。从情态上看，罗汉坐像分为正规坐和自由坐两种，正规坐主要是偏于规矩的盘腿结跏趺坐姿，自由坐像居多，且坐法不一，有的双腿垂坐，分合有别，有的一腿垂地一腿盘曲，有的一腿盘曲一腿曲起，也有的一腿曲起一腿垂地，姿态多元丰富。

在类型化的前提下，每一尊罗汉像的身份、年龄、情态和服饰的表现则极为具体真实。如北次间自东向西第 3 像，尊者罗怙罗，本为释迦牟尼之子，被塑造成少年汉僧像，俊朗清秀，结跏趺端坐于须弥座，双手拢袖，僧履整齐斜置于足踏。观其面庞，可以感觉到皮肤细腻幼嫩，五官精致玲珑，闭合的双目，轻抿的薄唇，似乎微微翕动，流露出初入定正悟道的表情；观其体态，年轻的罗汉身高略低，身形稍嫌单薄稚嫩，却端直挺拔；观其服饰，僧衣得体，褶纹疏密有致自然流畅，因身体入定动作形成左右对称的样式。观其细节，在衣袖和悬裳的表现上加入了装饰手法，左右衣袖对称垂落于身体两侧形成纵向回折的衣纹，悬裳则层叠起伏呈横带状波纹，两种褶纹自然联结成一个整体，一纵一横相间，自然流畅，对称优美；同时，起伏折转的褶纹与平展直垂的台座覆巾上细密的沥粉和彩绘纹样互为映衬，充满装饰感。匠人精准微妙的写实手法，恰当的夸张表现，使得整尊塑像惟妙惟肖，精细考究，自然灵动。再如南次间自东向西第5像，尊者阿氏多，与少年罗怙罗像相反，为老年汉僧像，枯瘦清隽，老而不丑，这一老一少的坐姿，僧衣悬裳的褶纹，僧履的放置极为相似。老僧双手结禅定印，亦结跏趺坐于须弥座，僧履整齐斜置在脚踏上。头戴僧帽，僧衣穿着随意，其面长瘦，双唇紧闭，鼻翼微张，目光温和坚定，皮肤松弛，皱纹密匝对称分布；开怀露体，前胸肋骨，根根分明，整齐对称，似刚刚打坐完毕得悟开智、气定神闲。自双腿以下动作、褶纹与罗怙罗像一致，僧服衣纹与悬裳褶纹，形成写实与装饰、横与纵、简与繁的对比。两像在年龄表现上少者写实，老者夸张，在坐姿、衣褶等的处理上既有规整和随意之别，又在整体上趋同一致对称呼应，以对比统一的手法，融写实、夸张、装饰于一体。

在写实中加入夸张的手法并注重装饰性，是崇庆寺罗汉像独特的艺术特征。这一点更为充分地体现在十八罗汉僧衣的表现上。罗汉像的僧衣主要分两种类型：一种是“西域式”僧衣，密纹袍服，仅有两尊罗汉像穿着；另一种是北宋时期世俗流行的汉式僧衣，为标准的“三件套”，即由内而外依次为偏衫、直裰、袒右式袈裟三层衣，其余十六罗汉像无论汉僧梵僧皆服这种汉式僧衣，从中可见宋代以来佛教中国化、世俗化的巨大转变。

第一种，“西域式”僧衣。所谓“西域式”，是指这种僧衣部分地保留了印度佛教早期犍陀罗风格中袈裟的基本样式和衣褶特征，带有明显的艺术化造型特征，以此和汉式僧衣做区别。在崇庆寺罗汉造像中呈现为一种特别的僧衣样式，仅南次间由东向西第7像、俗称挖耳罗汉和北次间由东向西第2像、俗称降龙罗汉的两像着此僧衣，类型相同却穿着有别，二者的位置呈西南和东北两对角呼应，两尊像皆为赤面黑髯，深目大鼻，挺拔健壮的中年梵僧。南次间挖耳罗汉像即那迦犀那尊者，其面部塑造十分夸张，扭颈爆筋，蹙额拧眉，咧嘴龇牙，颜面扭曲，表情怪异生动。僧衣为内外两层通肩大衣，色调一深一浅，衣纹或条状或阶梯纹凸起，起伏较大，自上而下稠密绵长，随身体动态分布均匀自然，流动飘举；衣缘则因衣纹而形成翻卷的木耳边，蜿蜒绕及全身；衣身与衣缘褶纹长短相间，曲直相映，且两层僧衣相叠，衣褶愈加繁密垂坠，却不冗不乱；在绵长起伏的衣纹上还装饰着大团大团细密的沥粉纹样，以花卉和龙形为主。整件僧衣塑绘交融，华美绮丽，此正所谓"富于装饰性的华丽风格"。北次间降龙罗汉像则仅服一层"西域式"僧衣，为红色袒右式袈裟，衣纹亦稠叠密布，呈纵向曲线平行排列，绵延流畅；罗汉右肩右臂及胸背袒露，肌肉圆浑赤亮，与繁复起伏的衣纹和细密的沥粉纹样形成鲜明的对比。这种样式独特衣纹绵密的"西域式"僧衣，其源头可追溯到北魏和平初年（460—465），佛教传到中原初期，在山西大同云冈石窟的昙曜五窟的石刻佛像中，可以见到早期犍陀罗风格的通肩袈裟，其时佛衣薄而贴体，衣纹细密硬直平展。在此基础上，随着唐末五代罗汉题材的出现，五代贯休的怪相罗汉画风格独特影响极大，以日本宫内厅藏本为例，其衣纹线条细绵长随体势自然流转，与崇庆寺的这两身僧衣样式更为接近。正是佛教在中国流传发展的过程中，造像中的僧衣样式受到中国艺术家绘画风格和审美趣味的影响，发展出来的一种艺术化的僧衣样式。另外，还有一个重要的现象，北宋大中祥符年间（1008—1016），江苏吴县甪直镇保圣寺残存的十八罗汉彩塑中已经出现类似的僧衣样式，其中一尊罗汉像僧服衣纹的泥条状和衣缘的涡卷边造型，以及僧服上团状的沥粉彩绘纹样，是目前唯一可见和崇庆寺"西域式"僧衣衣褶和彩绘装饰最相似的，并且其头部形状和五官须发与降龙罗汉也极为相似（图 41）。[①] 从造像时间上看，保圣寺罗汉像早于崇庆寺罗汉造像，两处罗汉像极有可能采用了同类粉本，这种粉本也显然受到了贯休罗汉像的影响。南方罗汉画与造像早于北方出现并形成成熟的手法、样式和风格，自然会流传、影响到其他地区。不过因地域差异，南北方的气候完全不同，僧衣的面料质地、厚

① 图片来源：李松主编：《五代宋寺观造像》2 卷，《中国寺观雕塑全集》，第 56 页。

薄自然不同，保圣寺罗汉像的僧衣要薄软柔顺一些，而地处北方的崇庆寺罗汉像的僧衣在表现上加入了地域特点，以夸张的写实手法结合了北方气候寒冷的特点，充分表现出衣纹厚实垂坠的质感，创造出既实用又夸张、充满装饰感的行云流水式“西域式”僧衣。

第二种，汉式僧衣。由偏衫（衬衣）、直裰（中衣）、袒右式袈裟（外衣）三层衣组成，是崇庆寺三大士殿罗汉像僧衣的主要类型。其中最具汉化特征和时代特征的是中衣直裰，基本特征是右衽、交领、双大袖、宽长衫，这种服装出现于唐代，盛行于两宋，延及元代以后。元代德辉《敕修百丈清规》中有对“直裰”的解释：“相传前辈见僧有偏衫而无裙，有裙而无偏衫，遂合二衣为直裰。”① 即直裰是偏衫和裙的结合，可见的实例出现于唐代。张蓓蓓在研究宋代服饰时，谈到宋代“重文轻武的文人政治造成士大夫的自尊以及对中国本位文化的竭诚崇拜和拥护……他们不仅好谈春秋，而且又重新以传统的交领宽衣大袖作为其平日所着常服，以附庸风雅”②。从中可知宋代文人常服主流为复古的“交领宽衣大袖”。崇庆寺罗汉像的直裰样式和这种文人常服非常相似，且宋代很多儒士和高僧交往也很密切，彼此间相互影响也是很自然的。可以说僧衣中的偏衫、直裰等常服都是伴随着佛教传入中国之后，为适应中土的气候、穿衣风俗和习惯逐渐汉化的改变，将原生地僧衣那种长方形的布样改变为有领有袖的短衫或长衫，是“入乡随俗”的改变，是完全汉化的僧衣，也是罗汉造像世俗化的具体表现。虽然这些服饰塑造有一定的程式化倾向，但因各罗汉的种族、动态、年龄、个性不同，因而在具体的套件数量、穿搭方式、局部塑造、色彩纹样等细节方面则各不相同。

整体上，罗汉像的汉式僧衣面料厚实挺括、顺滑垂坠，层层叠叠的衣褶起伏夸张疏密有致，衣纹折转自然流畅，大量的重彩绘制、沥

---

① （元）德辉：《敕修百丈清规》，《大正藏》第 51 册，第 1139 页。初为唐代百丈怀海禅师制《禅门规式》，世称《百丈清规》，两宋数次修订，元代德辉奉命再次修订为《敕修百丈清规》，颁行并全国施行。

② 张蓓蓓：《彬彬衣风馨千秋——宋代汉族服饰研究》，北京大学出版社 2015 年版，第 95—96 页。

粉贴金纹样，装饰细腻华美。具体又可分为两类：一类是穿着整齐得体的僧衣像，三层衣为主，数量最多，主要区分在领口，分双层交领和单层交领两种。双层交领是内衣偏衫衬领和中衣直裰衣领相叠，内领只露出窄窄的素面领边，有的绲边，中衣直裰长衫的交领及衣缘作宽边沥粉装饰，以繁密的立体细圆线条沥绘成各种图案纹饰，并贴金，领口处偶会间以彩绘；部分直裰的肩部、袖管、膝盖处还饰以团状沥粉贴金图案，这种装饰方法也充分体现了古代造像形靠塑，妆依绘，“绘塑不分”的特点。外层为袒右式袈裟，更是田相分割沥粉贴金布满其上，穿着方式上或左肩有钩纽，或无钩纽直接披挂。如北次间自东向西第 1、第 5 尊罗汉像，南次间自东向西第 1、第 4、第 6、第 9 尊罗汉像，其僧衣均为三层衣、双层交领、袒右式袈裟、左肩有钩纽。北次间自东向西第 6 尊罗汉像，南次间自东向西第 3 尊罗汉像，其僧衣为三层衣、双层交领、袒右式袈裟、左肩无钩纽。单层交领是指领口仅有中衣直裰交领，无内衣衬领，但有内衣袖口显露，外层披裹袒右式袈裟，如北次间自东向西第 3 尊罗汉像；南次间自东向西第 2 尊罗汉像，其僧衣为三层衣、单层直裰交领、袒右式袈裟、左肩无钩纽。此外，北次间自东向西的第 8 尊罗汉像，和南次间自东向西的第 8 尊罗汉像，领口处理较为独特，其左肩胸处外侧的袈裟边缘与直裰左领缘并排，左侧衣领形成沥粉贴金的宽边双领效果，再加上直裰右领，胸前一片锦绣金灿。与此相对应，另一类是不拘规矩随意穿搭、畅怀露体的僧衣像，如北次间由东向西第 4、第 9 尊罗汉像，里层只见直裰，双领大开，前者露胸口和肋骨，外层袈裟缠绕两臂；后者露胸部和便便大腹，外层袈裟甩搭于左肩。还有两像僧衣无法归类，一是北次间由东向西的第 7 尊罗汉像，上身仅披裹袒右式袈裟，袒胸露乳，赤膊见骨，下身可见内裙底摆。二是南次间由东向西第 5 尊罗汉像，头戴僧帽，内扎僧祇支、中层为郁多罗僧覆双肩，露胸口及肋骨，外层披袒右式袈裟。

局部看，罗汉像服饰的处理极具匠心、富于变化。一种情况是，由于坐姿不同，罗汉像直裰和袈裟的下摆与悬裳、台座及覆巾的构成形态不同，样式多变。当罗汉像双腿垂坐、双足着地，如南次间自东向西第 3 尊罗汉像，僧袍自上而下全覆台座，洗练的衣纹随双腿的形态而起伏，自然垂搭，对称规整；而垂坐的双腿上，左腿上覆直裰袍摆、单色、平滑无饰，右腿上则覆袈裟、多色、沥粉纹饰，形成微妙细腻的对比（图 42）。当罗汉像一腿垂地，一腿抬足盘曲而坐，如北次间自东向西第 6 尊罗汉像，抬腿盘坐的一侧会露出悬裳、台座一角的覆巾和岩石座，而双腿的一垂一盘，使得袍服边缘呈斜边垂落，其褶纹形成横向和纵向的交错与高低层叠的起伏（图 43）。当罗汉双腿盘曲而坐，如南次间自东向西第 5 尊罗汉像，悬裳垂座，其褶纹和两侧垂落的衣袖褶纹形成一个整体，褶纹双层相叠，呈带状波浪形起伏，形式对称，衣缘的沥粉贴金亦随衣褶层叠起伏；悬裳下面是被遮挡了一半的平展的方形台座覆巾，仅以素色赋彩，悬裳褶纹与台座覆巾形成立体与平面、长与方、繁与简的鲜明对比（图 44）。当罗汉一腿提膝曲起，一腿盘曲而坐，如北次间自东向西第 1 尊罗汉像，僧服衣纹因坐姿而基本处于台座之上，偶有衣纹垂于台座边缘，此时台座立面覆巾几乎全部展现，外轮廓作云形，红色底上沥粉装饰着贴金龙纹，简洁细腻，覆巾与直裰在色彩上形成红与绿的对比、在空间造型上形成平面和立体的对比（图 45）。这些随罗汉像坐姿不同而引起丰富变化、生动有趣的衣饰褶纹，看似自然而成实则处处心思巧妙，避免了罗汉坐像造型的单一化，通过服饰局部形式形态的显与隐、繁与简、立体空间与平面装饰等对比手法，隐含着宋人的精致生活和艺术上精工细作的时代审美趣味。

另一种情况是，罗汉像衣纹在真实自然的基础上，细节处理加入适度夸张的装饰手法。或衣纹边缘作涡卷纹，在流畅垂落的衣纹末端忽而挽成一朵花形纹样，过渡自然，却又精致宛转、出奇制胜。如南次间自东向西第 1、第 2 两尊罗汉像，相邻而坐，两像双腿之间垂落的袈裟纹样极为相似，前者于右手下方袈裟下摆处旋出一朵花形衣纹，后者则在左手下方袈裟下摆处亦塑出花形衣纹一朵，两朵花形衣纹位置基本等高，形态相似、涡卷方向相反，形成像与像之间纹饰的对称呼应。或是同一组衣饰褶纹以重复形态出现，如南次间自东向西第 1 尊罗汉像，左袖口处堆起一组两个重复的褶纹；第 2 尊罗汉像右腿膝盖上方袈裟亦堆起一组两个重复的褶纹，以及右臂窝处一组三个重复的褶纹；等等。这些重复的褶纹丝毫没有单调缺少变化的感觉，反而传达出一种重复律动的美感（图 46、图 47）。

最后，是罗汉僧衣色彩的选择和搭配。僧衣大面积外露的主要是中衣直裰和外层袈裟，直裰除领缘衣缘和衣身的沥粉贴金，通体为单色，包括土黄、橘红、土红、青绿、深蓝五种颜色，色彩单纯素朴细节精致细腻，这些色彩也是以世俗僧衣的颜色为主的；袈裟则以沥粉贴金作横纵分隔线框、间隔割截条，割截条内分别将直裰的五种单色全部填入，色彩丰富多样，色相华丽统一。直裰为僧人常服，袈裟则为礼服，常服自然以穿着舒适方便且经济实用为主，故仅在长衫的领缘和衣缘加入沥粉贴金的局部装饰，素简中见讲究；袈裟则以出席重要场合和穿着正式得体为主，因而以色彩丰富、沥粉贴金满布为其主要特征，以繁丽见尊贵。同时每一尊罗汉像直裰的颜色都是袈裟五色中的某一种颜色，而十八罗汉中有十六位罗汉的外衣穿搭是这种样式和色彩的袈裟，整体统一，局部和细节则充满变化。这样的色彩选择和搭配，把直裰和袈裟的性质与特征、素简与繁丽，以极其精确的写实统一起来，形象而生动地表现了服饰的丰富多样和华丽多变的装饰效果。当然，塑像的彩绘相对于塑像本身，后期的重装和改变较多，一般来说重装不会改变原来的颜色，是以焕新为主，但每一次的重绘，都不可能和原来的色彩完全一样，那么重绘次数越多改变也将越大。

同为罗汉坐像，同服相同款式的僧服，却在统一的程式中，每一尊像的塑造都具体到局部和细节的不同，讲究形式变化，彰显写实技艺自身的价值，这一切都来自对现实和自然的细致观察和丰富经验，来自这个时代对于写实的精进和极致的追求。

（二）罗汉组合造像的绘画式造型

所谓绘画性，是指崇庆寺十八罗汉像作为雕塑艺术对绘画表现方式的借鉴，也就是打破群体雕塑之间相互独立的造像方式，营造一种彼此关联、具有叙事性的场景雕塑。

在具体的表现中，首先是为罗汉配置代表神力符号的动物形象，打破单调的罗汉个体形象塑造，同时注意所配置动物的合理性。从罗汉通俗名称上看，伏虎罗汉像脚边伏一小虎，小虎造型偏装饰化，身体伏地、两前爪紧紧扒地，脖颈挺直扭头上翘，温驯地望着伏虎罗汉，罗汉则略低头双眼含威下视，与小虎眼神对接，同时右臂下垂伸手用食指指向小虎，罗汉与对应动物的塑造具有互动性和一定的情节性。类似的还有持蟾罗汉和踏狮罗汉的动物配置，前者右腿上伏一三足蟾，眼神机警，身形略胖而不臃，似欲跳跑，罗汉以左手前伸握住其后腿，双眼睥睨阔嘴下拉，神色生动；后者则左脚抬起，足下轻踏一小狮，小狮小而精悍，鬃毛卷曲排列齐整，尾翘如翅，正扭颈昂首望向罗汉，虽头部残缺然双眼神炯。小狮和蟾的体量相当，身体长度略长于罗汉的足长，小虎的体量略大、两倍于小狮，但都不是实际的体量，它们体量相当，远远小于实际的尺寸，小巧、精致、生动、可爱，手法细腻，造型夸张偏于装饰性。只有独立塑于梁架上空的飞龙体量要大得多，对应的降龙罗汉手中则一钵（已失）一珠，体势扭动，循目呼应。这些配置的代表神力符号的动物形象并不在突出动物自身的特点，而在强调其符号作用以突出罗汉的神力功能。

其次是半数罗汉像的台座为须弥座，这是等同于佛或菩萨像的常规配置，在于强化和提升罗汉的特殊身份；而半数罗汉像则坐于岩石座，是对罗汉日常生活的世俗场所和环境的象征性还原，以岩石座部分地取代佛教造像仪轨中的须弥座，这种造像的特点正是其世俗化特征的重要体现。两种台座交替间隔设置，注重排列的形式感和整体性，也是取决于庙堂自身方正空间的特殊性，或者说局限性，从中体现了宋代北方寺观造像写实却不逾规矩的时代特点。而同时代南方江苏角直保圣寺残存的罗汉像，则完全被穿插安置在真实的山石溪水间，自由生动，现实气氛浓郁，完全世俗化。

再次是像与像之间的交流互动，如前文所言的讲经者、辩论者、听经者的表情动作的互动，实际上是借用通感手法，将宗教造像的静态场景向动态场景转化。整体上，以殿堂中央的三大士像为中心，左右围以栩栩如生的十八罗汉像及相对应的动物形象，形成一堂（幅）庄严完整、生动自然的说法图。相对而言，罗汉像之间的互动感依靠联觉的认知感受方式，岩石座的加入带有一定的象征性，是对绘画性手法的有限借鉴，但也正是这些因素和表现，传达出崇庆寺十八罗汉像塑造中细腻的人性化和强烈的现实感。

第三节　与晋城青莲寺、山东长清灵岩寺罗汉造像比较

一　与晋城青莲寺观音阁十六罗汉像比较

晋城青莲寺观音阁内现有宋代观音和十六罗汉造像组合遗存，与崇庆寺三大士殿一样，均为配殿彩塑。不同的是，观音阁为东配殿，坐东朝西，两层结构，[①] 悬山顶，前檐设廊，观音和十六罗汉群像被安置在上层。观音阁初建于北宋建中靖国元年（1101），二楼前檐廊当心间东西两根石柱上分别刻有施柱人名和时间（图48、图49）。[②③] 观音阁上层殿内，长约9.73米，深约5.30米，面积约57.4平方米。十六罗汉像塑造晚于崇庆寺十八罗汉像，近年来重装，在彩绘妆金方面基本覆盖旧迹，但塑像本身仍然保留了原宋塑特征。[④] 题材方面，十六罗汉与观音菩萨组合，十六罗汉源出经典《法住记》，青莲寺亦为晋城古寺名刹，具有朝廷赐封的合法地位。组合排列上，阁内依墙东、南、北三墙围以砖砌高台，高约0.60米，当心间东墙高台正中上砌长方形台座，主像观音菩萨坐于其上；高台上观音像台

---

① 释迦殿前的东侧殿观音阁和西侧殿地藏阁初建为一层，清乾隆十年（1745），改建为二层阁楼，原有殿堂及其内彩塑皆移置上层。

② 书中所选晋城青莲寺宋塑图片均为作者本人拍摄。

③ 东石柱上所刻内容为："招贤管崔家社崔应、崔恕，同施石柱一条，永充供养。大宋建中靖国元年岁次辛巳七月日，院主僧鉴峦记。"西石柱上所刻内容为："乌政管郭壁社郭晸、妻傅氏、南陈七，施石柱一条，永充供养。大宋建中靖国元年岁次辛巳七月庚申朔二十五日甲申记，院主僧鉴峦。"以为证。

④ 作者曾于2006年、2014年、2016年、2017年，共4次前往青莲寺考察，除2006年见到开放中的宋代彩塑外，后三次都遇搭架重修，最后一次考察时，大雄宝殿和观音阁皆因正在重修而无法进入。

座两侧又筑长坛，高约0.44米，十六罗汉像统一直接合坐于长坛之上，对称而置，左右各8像；体量尺寸上，青莲寺罗汉像亦接近常人身高，净高在1.03米到1.37米之间，略低于崇庆寺罗汉像。这种排列组合样式和体量尺寸与崇庆寺罗汉像很相似、很接近。不同的是，崇庆寺罗汉像为自带台座和脚踏的单像，具有相对的独立性，且罗汉群像在排列组合上数量和位置统一对称，但汉僧和梵僧位置错落较为自由，比较而言，青莲寺罗汉像的对称排列比较规矩，如南北两次间罗汉像的布置是以汉僧对应汉僧、梵僧对应梵僧、老僧对应老僧。

在具体造像方面，青莲寺十六罗汉中的汉僧和梵僧，数量与崇庆寺实际上是一致的，汉僧12尊（崇庆寺后加的2尊为汉僧），梵僧仅4尊。年龄上主要为青壮年和老年像，青壮年罗汉像形体端拔结实，脸型偏椭圆，长相普通如常人；人物表情和动作亦如普通僧人，有个性和情感的流露。如北次间自西向东第1尊壮年汉僧像，腰板挺直，表情温和平静，左腿垂直落地，右腿抬起平放在左腿上，左臂自然下垂以手握于内踝处，右前臂向前平端手心向上自然伸掌，坐相完全为普通人日常坐姿，神情动态似与人谈论，温厚敦实，不急不缓。其僧服亦为三层，偏衫、宽袖直裰和袒右式袈裟，和崇庆寺主要僧服一样，但其内层偏衫为软领，不同于崇庆寺的立领（图50）。这种僧服是青莲寺罗汉像的主要服饰，在衣纹的表现上，褶皱少纹路自然，且翻折的褶纹起伏小，叠出的褶纹趋于平面。与崇庆寺罗汉造像夸张、装饰化的写实比较，青莲寺罗汉像的写实是客观、自然平实的。以南次间善财童子左侧的老年汉僧像为例，尊者身着袒右式袈裟，裸右肩右臂及前胸后背，头顶、额骨突出略微夸张，但脸部颈部皮肤松弛老态、前胸瘦削、肋骨隐约可见、肋骨下角外显，表现自然如同真人形貌（图51）。梵僧的塑造，除眼睛圆睁，赤色身体，体格健硕外，与汉僧相貌没有太大区别，动作姿势上伸膊推掌略显僵硬（图52）。如果说崇庆寺罗汉像无论样貌、服饰的穿着、样式、褶纹在表现上竭尽美化、十分考究的话，青莲寺罗汉像的塑造则显得更趋自然和素朴。两处罗汉像最明显的区别在色彩及着色工艺方面，青莲寺罗汉像一是通体金装，从文中所选几尊罗汉像可见，罗汉像为金色，不仅僧服为金色，就连头、手也全部施以金色；二是以金属工艺取胜，其中最有代表性的是拨金工艺，可惜被新装掩盖。另外青莲寺罗汉像袈裟的福田格色彩统一，同样以金色作分隔线，但不做沥粉纹样，其内填充统一的颜色，使袈裟的格状色彩打破统一的金色，又以金色分隔线呼应金色的直裰长衫，且袒右式袈裟亦有披搭式和钩纽式之分（图 53、图 54、图 55、图 56）。

青莲寺十六罗汉像的塑造偏向于对个体人物的刻画，在塑像组合和互动方面没有明显的表现。个别罗汉配置了显示身份的器具或动物符号，如南次间东墙由南至北第 1 像，梵僧罗汉，配置小狮，左前臂平伸以手托住小狮后腿，右臂折回前臂上伸，以手举托小狮前腿，小狮以前爪扒住罗汉肩头，扭头冲向罗汉腮边似玩要嬉戏，罗汉则似躲非躲，佯装嗔怒（图 73）。整体看，青莲寺十六罗汉的塑造，形貌更平实、自然，更似日常生活中的僧人，形体塑造写实但不夸张、不美化。而崇庆寺十八罗汉的塑造，形貌写实或美化，或夸张，尤其是其中中青年汉僧的形象塑造，带有明显的时代特征，可以看作进阶官位的儒家文人士大夫和佛门儒僧的理想化造型，充分展现了北宋理学家所推崇的“温润含蓄气象”。

二　与山东长清灵岩寺千佛殿罗汉像比较

山东长清灵岩寺千佛殿现存罗汉像四十尊，其中宋代罗汉像二十七尊，塑于北宋治平三年（1066），为北宋高水平之作的重要代表。[①] 千佛殿为灵岩寺主体建筑，坐北朝南，单檐庑殿顶，宏大壮丽，保留了宋元建筑风貌。殿内面阔七间、长约 28.73 米，进深四间、深约 15.42 米，面积约为 443 平方米，殿中心设置佛坛，上塑三身佛，罗汉群像分布于千佛殿依东、北、西三壁砌筑的长坛上。罗汉像原宋塑为三十二尊，本置于般舟殿内，后殿毁，部分像残失，余像二十七尊于明万历十五年（1587）移至重修的千佛殿内，同时又增塑罗汉像

① 本书有关灵岩寺宋塑罗汉像的相关基础信息主要参考了两篇论文：胡新华：《长清灵岩寺宋代彩塑罗汉像研究》，博士学位论文，山东大学，2015 年；黄恋茹：《山东长清灵岩寺彩塑罗汉像身份问题初探》，《石窟寺研究》2020 年第 0 期（辑刊）。

十三尊，所以罗汉像配置已经不再是宋代罗汉像的归置和布局，故不做题材组合和排列上的比较。灵岩寺罗汉像亦为坐像，所在长坛高约0.80米，下有脚座，高约0.33米，每尊罗汉像所坐坛上皆单独铺一层方形垫巾延及脚座处。罗汉像净高在1.55米左右，略高于崇庆寺罗汉像，但因其直接坐于长坛上，其高度基本与观者的视点持平。

灵岩寺宋塑罗汉亦包括汉僧和梵僧，但其题材比较复杂，不像崇庆寺十八罗汉和青莲寺十六罗汉单纯明确。尽管每尊罗汉都有具体的榜题名称，但实际上多名不副实。① 从榜题名称和造像特征上看，是多种罗汉的组合。不仅与十八罗汉、十大弟子、《妙法莲华经》的二十一罗汉等都有关联②，是住世护法、神通广大的罗汉，被注入了人性的神的形象；还表现了禅宗的祖师、高僧等圣人，是被神化了的人的形象。无论汉僧梵僧无论年龄，罗汉群像的面相、神情、姿态、动作所透露出来的是人物内在的睿智和修养。从具体造像上看，罗汉形象的塑造有明显的地域特征和世俗化的日常生活特点。如东侧由南向北第1像，达摩尊者，为历史人物，在印度为禅宗二十七祖，在我国是本土禅宗始祖，禅宗思想的代表人物。他褐色肤色，僧衣僧帽，闭目禅定（图57）。③ 第14像为摩诃鸠摩罗什尊者，是早期佛教传入我国时佛典的重要翻译家。第5像为迦留陀夷尊者，坐姿完全世俗化，双手抱单膝，头转向一侧向上扭抬，面呈微笑，如思似悟（图58）。第15像为天贝高峰妙禅师，中年山东硬汉形象，却一手托方巾，一手如捻针（图59）；西侧由南向北第14尊为降服外道均菩提沙弥和

① 关于长清灵岩寺罗汉像身份名称问题，综合参考论文：胡继高：《山东长清县灵岩寺彩塑罗汉像的修复》，《考古》1983年第11期；济南市文管会等：《山东长清灵岩寺罗汉像的塑制年代及有关问题》，《文物》1984年第3期；胡新华《长清灵岩寺宋代彩塑罗汉像研究》博士学位论文，山东大学，2015年；黄恋茹：《山东长清灵岩寺彩塑罗汉像身份问题初探》，《石窟寺研究》2020年第0期（辑刊）。

② 黄恋茹：《山东长清灵岩寺彩塑罗汉像身份问题初探》，《石窟寺研究》2020年第0期（辑刊）。

③ 图片来源（图57、58、59、60）：李松主编：《五代宋寺观造像》2卷，《中国寺观雕塑全集》，第74、80、94、66页；图片尺寸来源：胡新华《长清灵岩寺宋代彩塑罗汉像研究》，第7页。

尚像，青年僧人貌，一手似搓线，一手似捏针（图 60）。两像皆神情专注，动作逼真，表现了僧人穿针引线、缝补衣物的日常状态。罗汉群像虽身份不同，状态不一，有的独自沉思冥想，有的似在探讨辩论，有的缝补、有的察物，等等。各像皆表情适度，坐姿灵活，有血有肉，生动地表现了僧人的日常生活状态，世俗气息十分浓郁。就这一点而言，灵岩寺的罗汉像是宋代宗教造像中完全世俗化男性形象的重要代表，相对应的是，山西晋祠圣母殿的侍女像是宋代宗教造像中完全世俗化女性形象的写照。更重要的是，这两处宋塑具备一个共同特点，正如李松所言："越过外在表象，揭示人物内心世界的活动，是宋代雕塑艺术达到的新高度。"① 也正是在这个意义上，晋祠圣母殿的侍女像和长清灵岩寺的罗汉像是宋代北方宗教造像世俗化最重要的代表。另外，灵岩寺罗汉的僧服同样以三层为主，其领口偏低，内衬偏衫领口既有立领亦有软领；中层直裰领缘纹饰宽及肩头覆及胸部，领缘门襟和衣缘装饰以彩绘纹样为主，沥粉贴金主要为纹饰边线；面料偏软，衣纹起伏不大，折转更自然，也即罗汉的服饰也更日常化。

与灵岩寺宋塑罗汉像的日常世俗性比较，崇庆寺十八罗汉像在造型上是即神即人，介于宗教性和世俗性之间的理想化的造像。总体而言，崇庆寺、青莲寺、灵岩寺的罗汉像有诸多相似之处，可看作宋代北方世俗化罗汉像的重要的代表，他们呈现了宋代僧人真实的和理想的形貌，实际上是"佛像的人性化，是佛教和佛教造像世俗化的一种形式"②。

① 李松主编：《五代宋寺观造像》2 卷，《中国寺观雕塑全集》，第 11 页。

② 薛永年等：《中国美术史·五代至宋元》，中国人民大学出版社 2014 年版，第 59 页。

第五章　崇庆寺宋塑的美学意蕴及其美学价值

前文在对崇庆寺宋塑田野考察和造像考证性描述的基础上，进而通过其题材组合样式的变化挖掘和梳理佛典中的思想渊源，以探求佛教信仰的时代转变，并以直接分析和对比分析的方法对其艺术特点进行了具体论述。从中可见，崇庆寺三大士殿内的十八罗汉、菩萨，及其组合的题材样式，是佛教造像艺术和信仰自唐末、五代以来发生转变，及至北宋进入繁荣期的重要实证代表。此时佛寺里的菩萨和罗汉造像充满世俗气息，尤其是罗汉群像的流行，更是以同于常人样貌的世俗化形态呈现，真实细腻、脱俗雅致。优秀的宗教造像艺术在时代变迁中，一方面因其信仰转变而拓展或改变题材内容；另一方面必然会结合相应的艺术形式来表述和传达新的信仰。宗教造像正是通过艺术的形式“进入一种美化的境界”，令人“感受到一种超越”①，使抽象的宗教的、哲学的意义得以敞现。崇庆寺宋塑艺术在组合样式上呈现出“均衡平等”的审美理想，在形象塑造上以其“温润含蓄气象”传达出时代的审美精神，在场景营造方面表现出“因象生境”的审美追求。

第一节　崇庆寺宋塑的美学意蕴

一　题材组合样式中均衡平等的审美理想

宗教造像艺术的美学意蕴是建立在宣扬宗教教义和思想的基础

---

① ［美］斯特伦：《人与神——宗教生活的理解》，金泽、何其敏译，上海人民出版社1991年版，第160页。

上，其形象塑造和语言形式具有对抽象思想内容具体化的功能性。宗教造像艺术的题材组合样式，是艺术作品的形式结构，是指塑像与塑像之间的内在关联通过一定的排列布局呈现出来的外在样式。崇庆寺三大士与十八罗汉造像的题材组合样式携带着清晰的时代印迹，使其形式和内容的结合显示出一种特定历史阶段的审美特征，倾向于一种“均衡平等”的美学理想。即其在构成排列上延续和继承了以往主从有序，对称和谐的形式特点，但其内容组合和尺寸变化宣扬的则是一种均衡平等的理想追求，契合北宋时期佛教对自身地位的维护和发展。

主从有序，对称排列，在宗教造像中是最一般最常见的形式法则。我们可以在历代石窟寺庙中随处都可以找到例证。崇庆寺三大士殿宋塑的题材组合样式首先体现出这种常规性的特点，三大士像居于殿堂中央的佛坛上（高约 0.57 米），底座复杂，由岩石座、坐骑、莲台叠合而成，像通高在 2.40 米到 2.63 米之间，其位置、体量、底座样式都明确显示其为“主”；十八罗汉像则在主像左右、对称围列于依墙而砌的长坛上（高约 0.65 米），底座单纯，或为须弥座或为岩石座，像通高在 1.52 米到 1.66 米之间，其位置、体量、底座样式显然属于“从”。整个殿堂内的塑像正是这种主从有序、对称排列的一般性的形式构成。

然而，我们的重点是三大士殿整组造像组合样式，更侧重形式自身主从有序的和谐美和塑像身份地位趋于平等的均衡美，即在美学上强调“均衡平等”的审美理想。关于这一特点，可与北宋太原晋祠圣母殿宋塑的题材组合样式做一比较。圣母殿宋塑是一组儒教塑像组合，以晋源神圣母像和侍从像共 43 尊组合而成（其中圣母像贴身的 2 尊侍女像为明代补塑）。圣母坐像凤冠舆服，通高约 2.51 米，居于明间中心的神坛上（高约 1.18 米），以神龛、凤榻、屏风为衬，其左右分别塑有龛内一对近身侍女像（明塑），龛外一对侍女像，神坛下一对宦官像，即当心间局部造像形成相对完整的主从有序、对称排列的组合样式；其余侍从像对称塑于南北两次间的地面，各 18 尊，以侍女为主、女官和宦官组成，服饰随职位，均为立像，身高同常人，各像统一带低矮的台座（高约 0.20 米），它们依墙围列，呈“U”形。整个圣母殿的侍从像依身份职位，由内而外、由高到低、由寡及众被分布于明间神坛上的龛内、龛外，以及神坛下的地面上，再延及左右南北次间的地面上。从位置、数量、仪态、服饰上，圣母“主”像地位突出显赫，侍从像虽众，身高如常人且肃然侍立，“从”像身份亦相当明显。其组合排列十分严谨，形式上高低错落、主从有序，充满严整的秩序感，显然在形式中喻示和强化一种尊卑秩序，宣扬儒家的君臣之道、纲常礼教。

如果说以晋祠圣母殿宋塑的题材组合样式，强调的是一种塑像身份地位尊卑有别的秩序美和对立统一的中和美，其中包含的是儒家思想和国家意志的植入；那么，崇庆寺宋塑的题材组合样式，则更突出主像与从像之间各自独立平等的倾向，反映了北宋时期佛教向主流儒学靠拢、关注现实的佛儒圆融思想。

首先，从三大士像的组合来看，崇庆寺的华严“三大士”组合样式，是模仿“华严三圣”的造像模式。山西北宋佛教造像中，主殿主要供奉“华严三圣”组像，最典型的代表是晋城青莲寺上寺释迦殿内遗存的“华严三圣”组合，由释迦牟尼佛和文殊、普贤二助力菩萨组成。三圣造像整体上还相对保留着唐代佛教造像的高大尺寸，保留其神性特征，不过造像则偏于细腻婉约，不似唐代更强调磅礴的气势感。较之唐代比较明显的变化是，主佛和两胁侍菩萨身高体量的比例差距缩小，比较接近。这实际上反映了在北宋佛教信仰中，菩萨与佛身份趋同的倾向。在崇庆寺华严“三大士”造像组合中，印证了这一变化，观音菩萨成为主尊，文殊和普贤两菩萨身份、位置不变，仍然为左右二胁侍。显然，组合中的观音菩萨具备了双重的身份，一是取代佛而具有了佛的身份；二是本来的菩萨身份，两种身份无疑都是在显示菩萨在信众心中地位的升高，表现了宋代佛教信仰重心的变化和偏移。在体量尺寸上，观音菩萨像通高比左右两尊助力菩萨像仅高出 0.20 米左右，接近均等，打破了传统的“一主二胁侍”组合中，主佛身高体量明显高大于胁侍菩萨的模式。且观音菩萨像位置靠西墙偏后，文殊和普贤菩萨像在其前方左右两侧，由此形成一个稳定的等边三角形，由于它们在空间中前后位置的关系，使祭拜者和观者在佛坛前感受到的三像体量是基本相同的。三大士像以同为菩萨身份的组合替代了传统的“一佛二菩萨”的三圣组合，形成新“三圣”造像信仰和造像模式，并通过“三圣”的大小比例趋向均等的变化，传递出菩萨和佛的身份地位平等互换的重要信息。这就是一种以形式彰显信仰变化的均衡之美。

其次，从三大士菩萨像与十八罗汉像的组合来看。三大士像居中为主，十八罗汉像分布于两侧为辅，他们或坐于须弥座，或坐于岩石座，体量尺寸略高于常人而又低于菩萨像。需要注意的是，这种组合虽然在形式上，与晋祠圣母殿内圣母像和侍从像同有主次之分，但是并不强化主像与从像尊卑之别。三大士像的菩萨身份与十八罗汉像的住世护法和受供功德，具有同样的神祇地位和相似的职能，二者并不强调尊卑等级之差，只是信仰的重心不同，因此这种组合是从形式的角度对各自所处的空间位置作主次的区分。另外，这种区别还具体表现在晋祠圣母殿的群像组合中，仅圣母为坐像，其余侍从皆为立像，而且侍从像皆带有恭谨神色；崇庆寺三大士殿的菩萨和罗汉则全部为坐像，且每一尊罗汉像不仅都有各自单独的台座，每一尊罗汉像也都是独立自主的神祇。

最后，主神坛后移且靠墙，与两侧长坛合为一体，似乎也可以看作对坛上所塑菩萨像与罗汉像身份地位的有意模糊。这种神坛的合一，在晋城青莲寺观音阁内的菩萨与罗汉组合中可以说进一步被强化，观音阁内并没有为观音像专门砌筑神坛，仅有一“U”形砖砌高台环墙而筑，观音及其侍从像、十六罗汉像全部被安置其上。只在位于当心间的高台中心位置为观音菩萨加设了独立的台座，分置两侧的十六罗汉像则统一合坐于高台上的“长连牀”上。综上，崇庆寺三大士殿的菩萨和罗汉像的组合样式，传递的是塑像形式构成主从有序的和谐美和塑像身份地位趋于平等的均衡美，反映了北宋时期佛教靠拢儒学，关注现实的世俗化转变。

二　世俗化形象塑造中“温润含蓄气象”的审美意蕴

崇庆寺宋塑遗存的主要代表是十八罗汉像，十八罗汉像的主体是汉僧，共14尊；梵僧仅4尊，其中2尊除头部具有梵像特征，坐姿和服饰与汉僧造型一致，只有2尊梵像特征明显，服饰独特、表情和姿态较为夸张。这一现象表明罗汉形象的塑造已然汉化，而汉僧中的中青年者俊朗温润、老年者亦健拔儒雅，虽为佛门僧人更具儒家士人风采，而有宋一代儒士的至高标准当为“圣贤气象”。

“气象”在宋代是一个重要的美学范畴，“圣贤气象”是贯穿于整个宋代的一个重要哲学概念和美学范畴，是指向人格境界的审美理想论。二程最早讨论“气象”，如：“今观儒臣自有一般气象，武臣自有一般气象，贵戚自有一般气象。不成生来便如此？只是习也。某旧尝进说于主上及太母，欲令上一日之中亲贤士大夫之时多，亲宦官宫人之时少，所以涵养气质，熏陶德行。”① 这里二程认为不同身份和层次的人的气象不同，这些不同的气象并非是天生的，而是后天不断积累学习养成的，其中儒士气象，贤士大夫气质、德行是被推为修养的典范。进而论及“圣贤气象”，“凡看文字，非只是要理会语言，要识得圣贤气象”②，“学圣人者必观其气象”等。伊川先生又曾言：“但以孔子之言比之，便见。如冰与水精非不光，比之玉自是有温润含蓄气象，无许多光耀也。”③ 此处的“比之玉自是有温润含蓄气象”指的是孔子的“言语气象”，通过“言语气象”以体察出“圣人气象”。实际上，在二程的言论中，除了“圣贤气象”“言语气象”，还包括“天地气象”，或者说“气象”正是由此三者体现出来的一种整体的精神风貌，可见“气象”是一个综合的美学范畴。后来朱熹评价程颢：“先生资禀既异，而充养有道，纯粹如精金，温润如良玉，宽而有制，和而不流，忠诚贯于金石，孝悌通于神明。视其色，其接物也，如春阳之温；听其言，其入人也，如时雨之润，胸怀洞然，彻视无间。测其蕴，则浩乎若苍冥之无际；极其德，美言盖不足以形

① （宋）程颢、程颐：《二程遗书》，第239页。
② （宋）程颢、程颐：《二程遗书》，第339页。
③ （宋）程颢、程颐：《二程遗书》，第246页。

容。”[1] 显然，在朱熹认为，程颢“纯粹如精金，温润如良玉”“如春阳之温”“如时雨之润”，内蕴无际，美德难述，是“圣贤气象”的完美代表之一。此时的“圣贤气象”已经是一个既具体又完整的儒家审美理想或审美范式，洪永稳概括朱熹“圣贤气象”的美学意义：“具体表现为：人格美之境、天地之境、自由之境、无上之境。形成了朱子独特而完整的审美理想论，为中国古典美学奠定了最高的审美范式。”[2]

无论是二程的哲学言说，还是朱子的美学理论，显然是抽象意义上的推理论证，在实际的宗教造像艺术中，“圣贤气象”必然会转化为具体的艺术形象，既要体现出具体对象的个体特征，还需传达出人物形象整体的时代风貌。北宋佛教主动向儒学主流思想靠拢，完成世俗化的转变，题材上流行罗汉群像，塑造上转向人性化表现，塑造什么样的人，必然是当代理想的圣贤之人，抽象的“圣贤气象”即是审美的理想范式。崇庆寺宋塑十八罗汉中的汉僧像，他们有具体的样貌、情态和气质，形象化地表达了宋人推崇的“圣贤气象”，更精微的讲是一种“温润含蓄气象”。

崇庆寺宋塑十八罗汉群像的选择和塑造，表现的是佛教从对天国的追求转向对现实的关注，及其功利性的转变。体现在形象塑造上，彰显的是一种人性之美，世俗之美，并带有理想化倾向，体现了宋代佛教造像世俗化的美学特征。十八罗汉形象正是表现了禅宗的参禅悟道皆在现实生活的“行住坐卧”中，是具体的，更是生动的，这生动的呈现是源于“心性”觉悟后的自由精神境界的获得。这与理学家所谓“天地之大德”显于“万物之生意”是一致的，世间生长的万物，当下生活的活泼泼的人生境界，才是真实生动的，这真实生动又恰是天地之“德”“仁”的表现，正是因于北宋禅僧与儒士交往而形成的特定时代的理想形象。禅宗在日常生活中觉悟后的精神自由境界和儒家通过“静观”而达到闲适自得的圣人境界，是相融合而内在于十八

---

① （宋）朱熹：《朱子全书》13 册《近思录》，上海古籍出版社、安徽教育出版社 2002 年版，第 284 页。

② 洪永稳：《论朱熹“圣贤气象”的美学意义》，《兰州学刊》2016 年第 6 期。

罗汉具体造像中的。

中国古代人物造像的标准是“形神观”。自东晋顾恺之提出“以形传神”的美学标准后，随后南齐谢赫在其“六法论”中提出了“气韵生动”[1]，是对顾恺之形神观的精密化。此时的“神”“气韵”主要指向表现对象自身的内在和内涵，代表了早期中国人物造像美学理论的成熟，但在实际的艺术创作中，形与神，或者说气韵，均处于探索阶段。随着历史发展，时代精神的变化，宋代人物造像无论在理论上还是在实践中均发生了深刻的变化，走向了真正的成熟和完善。北宋郭若虚在《图画见闻志》中曾论及“气韵生动”：“人品既高矣，气韵不得不高；气韵既高矣，生动不得不至。”[2] 同时，还认为画之气韵，必在“生知”，必为“心印”，生知指的是生而知之，就是天才可为；心印指的是“中得心源”，即艺术家的思想情感，这里的“人品”“生知”“心印”明显在强调画家主体的作用，且主要是针对宋代身份提升的文人画家而言的。换言之，在艺术学家那里，气韵生动这一审美标准与身份卑微的画工和工匠是没有关系的，这也是导致古代雕塑在理论方面缺失的主要原因。然而，其一，魏晋时期中国人物画水平的突破和画论的出现，首先在于佛教造像和壁画的大力发展和推升[3]；其二，崇庆寺宋塑艺术是高水准的，在艺术形象塑造的审美特点方面，其内蕴的神和外在的形相合，完全可以达到新时代“气韵生动”的审美标准。如前所言，在儒佛融合的宋代，某种意义上儒士文人和禅僧的交融就是现实中理想的圣贤之人，他们既能独善其身，又有家国情怀，而十八罗汉形象的塑造正是宋代理想化的圣贤之人，如果说，气是儒家的“理”，亦是禅宗的“道”，是生命的内核，是“生生不息”的；韵，就是情感的节奏，是生命的节奏，是生命外观的形式节奏美。[4] 宋代工匠以虔诚的宗教信仰，凭借高超的雕琢技

① （唐）张彦远：《历代名画记》，浙江人民美术出版社 2016 年点校本，第 16 页。

② （宋）郭若虚：《图画见闻志》，王群栗点校，浙江人民美术出版社 2013 年版，第 25 页。

③ 彭吉象：《中国艺术学》，华东师范大学出版社 2007 年版，第 424—457 页。

④ 彭吉象：《中国艺术学》，第 436—440 页。

艺，塑造出十八罗汉写实且理想化的圣贤形象。

十八罗汉（十六罗汉、五百罗汉）神祇的出现，就好比将抽象统一的佛（佛理）分散为一个一个具体义理的形象代表，他们常驻世间，以凡人样貌出现，更容易与凡人交流，取信于凡人，达到护法弘法的目的。崇庆寺十八罗汉像即是让我们看到了“蔽隐圣仪，同常凡众”的世间僧众形象，它们或为汉僧或为僧梵，年龄或长或幼，着直裰披袈裟，样貌体征须臾可辨。梵僧像赤面黑髯、深目高鼻、体势魁健；汉僧青年和中年像体貌的刻画多五官精致，凤目外挑、杏鼻樱嘴，容貌俊朗、身姿丰健，温润如玉、气度不凡，老年僧人体貌的表现则多额凸颧显、皱纹沟壑、枯瘦见骨，却气定神闲，拔健儒雅。它们坐姿随意，或静或动，或垂腿端坐，或盘腿静坐，或双腿一垂一盘、一盘一抬、一垂一抬，或坐姿一致、方向相反，总之不重样。它们性格不同神情各异，或刚或柔，或喜或气，有严肃沉思者，有幡然悟道者，有活泼说法者，有愉悦倾听者，有愤激辩论者，有祥和静坐者……尊尊罗汉像都是凡俗僧人日常修行悟道时的具体样态，充满了生生不息之气，佛殿里弥散的是俗世生命的气息、是人性的熠熠光辉。

崇庆寺宋塑十八罗汉像塑造了具体真实、丰富生动的凡人样貌，它们富有生命之气，禅理之趣。与唐代佛像造像比较，如果说敦煌莫高窟第 96 窟的弥勒像，洛阳龙门石窟奉先寺的卢舍那大佛，是以巨大的和独立的形体传递唐代佛教造像的磅礴气势，体现神涵括一切的至高无上，那么崇庆寺罗汉群像的常人体量和群体特征则在表现出宋代佛教造像的细腻雅致、规整绚丽，开创了宗教艺术创作中人性及个性之美。但罗汉在本质上因其可以“密受供具，令诸施主得胜果报”的法力具备神的性质，那么在实际的造像中，除了罗汉外在样貌的人化，内在的规定上还需表现其神性超然的一面，也就是需要把这两大特征结合起来，或者说罗汉造像应当是即人即神，超人的形象。崇庆寺十八罗汉形象的塑造，即是工匠在写实之外加入了夸张、美化和装饰手法，在塑像的形式节奏中加入了生命和情感的因素，传达出“温润含蓄气象”的美学韵味。

佛教的目的是通过修行悟道最终成佛，十八（十六）罗汉则要住世护法，与成佛不离世似乎矛盾，所以禅宗以压倒性的优势成为五代宋以来最重要的宗派，解除了这一矛盾。不离世即可成佛“即心即佛”，这实际上就将整个宗教的修为过程转化为以人为出发点和归宿点，把对彼岸终极境界的追求转化成一种在现实人生中获得心灵自由的“修心”过程，这个过程也是向人生审美化的转化。这是一种中国化的佛教，修行者也自然是以汉僧为主，崇庆寺宋塑十八罗汉形象中，14 尊就是汉僧。而在 4 尊梵僧像中，可以说只有降龙罗汉和挖耳罗汉 2 尊造像带有明显的域外梵人的样貌特征，他们身着艺术化的“西域式”僧服，绵长流动的衣纹线条充满律动感，上身皆有裸露，赤肤黑髯。降龙罗汉眼神犀利、动作夸张，正在降服缠绕于梁架之上的飞龙，挖耳罗汉神情古怪表情夸张，既似与人争论又似发力施展神功，皆造型独特异于其他罗汉像，从外在特征和行为动作上达到即人即神的效果。老年汉僧像，体貌表现多额凸颧显、皱纹沟壑、枯瘦见骨，表现偏奇特夸张，似乎受到了贯休梦中罗汉的影响，但其肋骨、皱纹分布均匀，形态明显美化，且表情动作自然不夸张，从而体现一种出“在世与出世”之间的造型美特征。最后以中青年汉僧像最多最具代表性，它们尊尊白面无须，相貌俊美清秀，身姿清朗端健，神情温雅闲静，僧衣得体，气度不凡，既有世间僧人的具体形貌样态，表情生动，动作自然，是对日常生活中，禅僧“行住坐卧皆是道”的表现；又加以夸饰美化，把参禅悟道的“修心”过程，内心的感悟、超越、自我完善体现为外在形貌的脱俗儒雅、丰健完美，正所谓“相由心生”，气足韵完。十八罗汉像虽无佛陀具体造像仪轨的规定，他们的行迹和相貌虽同常人，然内心早已成佛。可以说正是结合这样一种日常自然的形态和完美的样貌气度，来表现修行的过程和悟道的结果，将内在的圆满呈现为外在的完美，将内在的生命之气外化为律动的形式之韵，是一种理想化的审美对象。在日常生活中通过参禅悟道对生命不断体悟和超越，不断自我完善，提升人生境界，这是一个修心成佛的过程，是心灵审美实践的转变，是由人到神的一个飞跃。

这种夸饰美化的形象塑造是独特的。与之比较，青莲寺十六罗汉像的塑造虽有悟道后的气度，但罗汉的形象更接近普通僧人的相貌，并无美化，韵味略嫌不足；山东长清灵岩寺的罗汉像塑造则既有明显的山东大汉形象，又有更为日常的缝缝补补行为，“世间相”突出，日常俗世生活浓郁。由此可见，崇庆寺十八罗汉的塑造是世俗形象的脱俗之相，是在写实中充溢着内外一致的理想人格，更突出这种如玉一般的“温润含蓄气象”。

三　人间情境营造中因象生境的审美追求

宗教造像艺术是通过一定的造像形式来表现对应的信仰模式，将抽象的宗教教义、意识和信念渗透在具体的艺术形象中，塑造理想的圣人典范，营造理想中的天国世界。如佛教造像在唐代以前，以塑造佛像为主，或为“三世佛”，或以佛为主像、辅以二菩萨或二弟子，形成“一主二辅”的造像模式；到唐代主要流行“一佛二弟子二菩萨二天王”，一铺七尊（或九尊）的造像模式，造像模式虽有变化，但都在强调佛的主尊地位和至高境界。尤其是唐代以来，石窟寺内佛、菩萨、弟子等不同身份、多尊塑像的组合配置，并与窟寺内的壁画结合，形成圆满佛界中生动的说法图，且造像多以其巨大的尺寸，形成外在的磅礴气势。

北宋以来，由于儒学哲学化的文化特征和其世俗化的社会关怀，使得儒家思想成为北宋社会的正统思想，从而促成宗教世俗化成为北宋的另一大显著的文化特征，佛教信仰中心因之转移，造像模式随之变化。佛教寺院盛行罗汉、菩萨等群体形象的塑造，这些主要题材和表现内容呈现世俗化的形象特征和配置组合，同时借助绘画性表现方式，打破塑像之间彼此独立的现象，进而营造出整堂塑像相互关联、充满人间生活气息，从虚幻的美好天国转向表达真实的人间场景，体现出“因象生境”的审美追求。

从美学范畴来看，“象”最初出现在《易传·系辞·上传》中：“圣人立象以尽意。”当言不能尽意，则需写物造像以形象化来示意，也即象就是具体的形象塑造。北宋时期，象与理学有一定的联系，在理学本体论结构中“理、气、象”相互关联，形而上的“理”需借助“气”而成“物”或“象”，所以，象既是“理”的形而下的体现和直观表象，同时象也内含着理和气。由此，在宋代形成重要的美学范畴“气象”，并融合宇宙论的“天地气象”转化为综合的“圣贤气象”。“圣贤气象”既是理学家的人生审美理想，也是佛教禅宗在此岸的审美理想人格，是一种“觉悟了的世人人格”①。觉悟人格表现的是一种自我超越性的审美人格，是“不执着一切”的虚空明净的内心境界，世人人格则是禅宗提倡的在日常生活中参禅悟道，从外在表现上，禅宗大师、高僧与普通人并无区别，一样的吃饭睡觉，一样的平常生活。在具体的“象”的塑造中，崇庆寺十八罗汉像更突出如玉一般“温润含蓄”之象。

“境”在唐代时，已经由最初的疆界之意被佛家引申为事物所达到的程度或表现的情况②，追求诗境、画境，至司空图又则提出“境界”。北宋宗教造像的一个重要变化就是群像塑造，以相同类型的众多人物安置于寺观殿堂之内，在山西宋塑中，晋祠、东岳庙侍女像如此，法兴寺十二菩萨像如此，青莲寺十六罗汉如此，崇庆寺十八罗汉同样如此。崇庆寺十八罗汉群像，借助绘画性的语言方式，打破了像与像之间彼此独立的现象，或为罗汉配置相应的神力符号动物形象，或将相邻罗汉表现为答辩探讨的互动样式，或把建筑空间与塑像有机联动（降龙罗汉与梁上飞龙），等等，以营造一种彼此关联、互动的情景，形成了一个充满人间趣味、世俗气息的理想境界。尤其是中青年汉僧像，它们不仅内在如玉，外形也如无瑕美玉，它们以“温润含蓄气象”，传递出一种“谈笑有鸿儒”的高知雅聚之理想境界，这一点也是崇庆寺罗汉群像塑造独特的美学品质。

事实上，宋代佛教造像常常将菩萨、罗汉安置于自然的环境之中，如江苏吴县角直镇保圣寺的众罗汉像，就是全部被直接安置在岩林溪水间，造成一种完全世俗化的人间场景。南宋以后更是如此。南方佛教造像世俗化更为彻底，四川大足宝顶山大佛湾的大型龛窟造像

① 董群：《慧能与中国文化》，贵州美术出版社 2001 年版，第 238 页。

② 张明远：《郭若虚在中国绘画美学史上的贡献》，审美与艺术教育国际学术研讨会论文，青岛，2002 年 8 月。

是最有代表性的例证，完全是现实生活的写照。[①] 而崇庆寺十八罗汉像的组合设置，仍然保持着“含蓄”的特征，或者说以意象化的手法，将坐于须弥座和岩石座的两种罗汉像相间而置，使罗汉神者的身份和世俗的日常状态自然结合，不倚靠真景而多借助道具（须弥座和岩石座），点到为止，象有尽而境无尽，尽显以禅宗为主的美学特点，由“悟”得“趣”，和文人画审美接近。

另外，从三大士与十八罗汉的组合样式来看，罗汉—菩萨，这一堂彩塑可看作一个修心修性的动态过程，是一场菩萨修行，而这背后隐含着的是一个无边无际的现实中的佛理世界，它既是天国的也是人间的，这种超越的境界恰恰是“觉悟了的世人人格”才可能营造出来的。从气象的温润含蓄，到情境的无限可能，蕴含着一个庄严且宏伟的自由圆融境界。

第二节　崇庆寺宋塑是北宋佛儒圆融美学思想的再现

作为偶像崇拜的宗教造像，是遵循一定的艺术规律和表现方式塑造实在的偶像形象，本质上体现和传达的是一种宗教心理态度和思想，或说是宗教心理态度和思想的载体。宗教造像主要是以佛教造像为主，艺术表现既要遵循佛教造像仪轨，更要将不断变化的宗教思想外化为恰当的艺术形象借以传达。

北宋以来，随着佛教信仰的转变，佛教造像题材选择和组合样式发生了巨大的变化。崇庆寺宋塑三大士与十八罗汉的组合形式，已经脱离了严格的佛教造像仪轨，创造出世俗且理想化的人物形象，营造出人间氛围的俗世场景，体现了佛教在宋代的彻底中国化、儒学化，承载着一种佛儒圆融的美学思想。这一“圆融”，既包括佛教各宗派之间的和乐圆融，更是儒佛（道）之间的圆满融通。佛家以入世的姿态修心正性，裨政治广教化，辅儒家治世，共同维护国家权威、伦理

① 薛永年等：《中国美术史 · 五代至宋元》，第 45—48 页。

纲常，将“彼岸”美好天国转化为现实生活的一种延续和理想化，实现宗教的“此岸超脱”。从中渗透着佛教在现实中参悟而成的“觉悟人格”，提倡的“儒佛互补”“同归于治”的人生理想。

一 佛教宗派之间和乐圆融的美学思想

佛教发展至宋代形成一种新的态势——习禅和持律，这是一种针对心灵的实践性宗教信仰，已经完全取代了唐代之前对佛学经典的阐发义理。那种掌握在少数法师手中、以北方为文化中心、以唯识学系和华严系为主的佛教理论兴趣和尖端研究，跟随着 8 世纪到 10 世纪中国社会的历史转变而转变，各种宗派纷繁涌现，佛教信仰在中国社会各阶层中普遍存在。① 用陈寅恪先生的话讲：“自宋以后，佛教已入中国人之骨髓。”迟至 11 世纪，禅宗最终以压倒性的绝对优势成为佛教主流，实现并完成了中国化的转型。这种转型特征“主要体现在佛教对中国传统思想文化的认识和态度上，尤其是僧人群体对儒学思想的认同和肯定”②。即北宋时期佛教发展完全中国化，一是以禅宗为主流，修行方便，见性成佛；二是佛教僧团主动吸收、融合中国传统文化主流的儒学思想。

禅宗成为佛教主流，且多宗并存、兼修、融合成为宋代佛教发展的主要态势。多宗思想融合而产生的审美趣味和美学思想，则通过具体的佛教造像来体现。崇庆寺古时隶属河东路潞州（隆德府），宋初潞州处于宋军北上讨伐北汉和辽军南下进入中原的战略要地，亦是太原通往宋都东京交通要道上的必经之地。原本这一地区的佛教就很兴盛，而此时北宋朝廷为政治稳定和军事顺利亦需借助宗教，因此，这里的佛教得以继续发展。新的造像题材、组合，和相应的造型样式应运而生，承载着佛教信仰、思想、美学的变化。

崇庆寺宋塑中反映的佛教宗派之间的圆融美学思想，表现在以下两个方面。

第一，三大士和十八罗汉组合的信仰，体现了佛教内部宗派思想

① 相应的支持观点以汤用彤、冯友兰、李清凌、韩毅以及日本学者竺沙雅章为代表。

② 韩毅：《宋代佛教的转型及其学术史意义》，《青海民族学院学报》2005 年第 2 期。

在社会发展中适应时代需求的和乐融汇的特点。首先在三大士题材组合中，以广大信众普遍信仰的偶像观音菩萨取代了“华严三圣”组合中的佛，将观音菩萨提升到等同于佛的性质和地位，以化身和应身菩萨信仰化解了华严宗的严明义理，将其世俗化。其次罗汉信仰是伴随着弥勒信仰而诞生的，专指受佛嘱托、被佛指定住世护法的众阿罗汉，结合了以罗汉信仰来宣扬一种现世福报利益和以弥勒信仰来宣扬一种后世福报利益；而十六（十八）罗汉具名出现是在净土宗信仰的重要经典《阿弥陀经》中，到唐代玄奘的《法住记》才成为真正推动十六（十八）罗汉信仰和造像的佛教经典，其中对造像实践中的罗汉形象也作了方向性的引导。罗汉群像一方面在功能地位上与三大士菩萨信仰接近；另一方面又在造像中表现了僧人日常修行的生活状态，体现出禅宗“即世出世间”的修心实践审美思想。从以上分析，可见崇庆寺宋塑组合中禅宗、净土宗、华严宗等思想的交叉和融汇，菩萨、罗汉组合的信仰在宋代的盛行，就在于它们在更大程度上满足了信众越来越功利化的现实需求，渗透着佛教宗派之间互渗圆融的美学思想。

第二，三大士和十八罗汉组合的造像模式，体现了佛教内部宗派在造像实践中的圆融美学思想。一方面，“三大士”组合样式中，观音和左右文殊、普贤三菩萨像的体量尺寸比例接近，且以等边三角形形成力量对等的稳定的形式结构，将原本“华严三圣”中的毗卢遮那佛、文殊、普贤各为一乘，体用平等，以观音菩萨置换毗卢遮那佛，把佛和菩萨的平等以更为形象化的方式明确地提炼出来。而十八罗汉住世护法，为供奉的信众以大福报的神祇身份和功能，以及同样可以发菩提心，修菩萨行，证得佛果的性质，也与菩萨趋于平等。从中可以看出各宗派在融合中的平等对应性，也或许在一定程度上模糊了宗派思想和信仰的界限。另一方面，不妨将三大士与十八罗汉的组合样式，看作一个修行过程的场景呈现，众罗汉以生动的常人体量和样貌展现了修行者的种种日常形态，参禅悟道，精诚所至，进阶菩萨，终将证得佛果，这一堂彩塑造像所营造的空间场域，实际上呈现了一个修身修心的时间过程，显然其背后是一个无边无际的佛理世界，由于佛像被菩萨所替代，没有了固定所指，则可能是一个浓缩的华藏世界，也可能是净土宗的极乐世界。总之，在有限的彩塑形象及其组合样式中，包含着无限佛理世界的万千气象，是井然有序，庄严且宏伟的圆融境界。

二 佛教与儒家不同阶层圆融的美学思想

崇庆寺三大士殿宋塑题材组合和造像样式所体现的美学思想，更是佛教和儒家思想的圆融统一，具体表现在与儒家不同人文集团美学思想的融合，以及受宫廷院体画派审美趣味的影响。

首先，在崇庆寺三大士殿宋塑偶像崇拜中，体现了佛教的入世转变与儒家“致用”和“伦理”美学思想的圆融。宋代统治者反思前朝宗室贵族勾连、倾轧的政治势力导致覆灭的教训，果断选择了“与士大夫治天下”的政治新模式，给予了儒学士大夫前所未有的社会地位和参与政事的权力。崇庆寺宋塑创作于北宋中期元丰二年（1079），此时为宋神宗赵顼在位，宋代正经历着一场全面的改革，神宗支持王安石在政治、经济、军事、文化领域展开大规模的社会变革运动，并且取得了一定的成效。尤其在科举制度方面，重点选拔具有经纶济世之志的有才之士，不论出生，唯才是举，一大批因科举入仕的士大夫新型地主阶级成为北宋朝廷的中坚力量。从北宋初到北宋中期，政治家们严谨治学、建树理论，积极从政，报效国家，为儒家“经世致用”的独特美学思想赋予时代意义。而北宋“以文治政”的仕优政策，正是理学的发展为其提供了坚强的后盾，北宋五子的学术思想建构，促成儒学在宋代走向哲学化和系统化，确定了儒家思想的正统和主流地位，强化了儒家的伦理美学思想。

同时，理学理论的建设和思想正统地位的确立伴随着强烈的排斥佛教佛学，佛教在宋代面临着严峻的挑战，为了自身的发展以适应新的社会环境，从学理方面引儒入佛、探索和完善自身发展的逻辑规律。以北宋智圆（976—1022）、契嵩（1007—1072）等高僧为代表，他们认为佛教同样具有助政治、广教化的社会功能，认为儒释在“穷理尽性”的学术理论上是相通的，在“善”“孝”的伦理观上是一致的，以及佛教的报恩思想同于儒家的事亲事君，甚至超越了具体的奉亲，而扩及德报、达道的更高伦理境界等，以佛教大乘思想比同儒家的“道德性命”等，正是在这些理论阐述中，佛教融入了儒家的“致用”美学思想和伦理美学思想。反映在崇庆寺宋塑造像中，即是由出世转而入世，三大士和十八罗汉题材组合，就是以应身信仰来塑造偶像，满足信众的现世福报，十八罗汉尊者数量的扩大化，更是满足人们不同的具体的功利诉求。在佛家看来，菩萨和罗汉信仰实际上是将儒家的孝亲小爱转化为普济苍生的大爱。在形象的塑造方面，整体的把控和局部的深入塑造，也表现出以往宗教彩塑所不能比及的精致写实。崇庆寺宋塑题材的世俗化和表现的极端写实化，无不渗透着儒家穷究学理、“经世致用”的美学思想。

山西北宋佛教两处优秀塑像的遗存，都在晋东南地区，一处在长子崇庆寺，一处在晋城青莲寺，从佛儒圆融美学思想的角度看，具有一定的历史成因。北宋在统一了包括潞州（今长治）、泽州（今晋城）在内的山西中南部地区后，开始重视和发展教育，庆历年间（1041—1048）政府大力鼓励兴学办校，至熙宁四年（1071），在王安石的倡导下，宋神宗下诏，设置京东、京西、河东、河北、陕西五路学，河东路（今以山西为主的行政区域）成为国家重点办学的地区之一，潞州也专门配置一员州府学官。其间，北宋治平四年（1067），著名的哲学家、教育家程颢赴泽州晋城做县令，在其任职三年内广办学校，开拓了晋城乡学的蓬勃发展，推动了整个山西的教育发展。程颢作为北宋理学的奠基人之一，也正是通过教育的方式，传播和渗透理学思想，晋城与长治地区儒学蓬勃、佛教兴盛，儒佛之间的互为交流融合自然更多，也必然会影响和渗透到晋城、长治地区的佛教造像中。

其次，在崇庆寺三大士殿宋塑偶像崇拜中，体现了宋代文人士大夫追求“平淡自然”的美学观。北宋时期，儒家在排佛的同时也从佛教的思维方式、概念范畴、修行方法等方面进行有所取舍的吸纳，因此儒佛之间是双向互融的。这一点更多体现在禅僧与儒家文人士大夫的深入交往和相互学习中，并形成一种以平常心随遇而安，追求“平淡自然”的美学观。这样的审美观更多地在诗书绘画中表现出来，尤其是很多禅僧诗画家的作品，趋向自然写意。宋代儒士文人在积极入世的社会生活中，同时也在寻找私人空间，在功名利禄之外，回归简单纯粹的生活，才越能体现士人的自由人格。禅宗的精神也是最注重个体生命的体验，这也正是禅宗坐禅悟道的最佳途径。如在宋代大家苏轼的诗画中，就表现出对“日常生活审美化”的极大关注，“游戏三昧”本就是佛家语，也是苏轼等文人士大夫认为的一种生命运行的方式和人生境界。在佛教造像中，正是十八（或十六、五百）罗汉以平常貌表现出日常状态的自在相，以放达之心游化众生。崇庆寺的众罗汉像，或汉僧或梵僧，或青年才俊，或嶙峋老者，或僧服得体，或敞怀露体，或静坐禅定，或互辩争论，或平静或兴奋，或欢喜或严肃……每一尊罗汉像都被注入具体的人性、情感和个性，僧人在日常生活中参禅悟道，体悟内省，是佛教入世在现实中的安身立命，是以“悟”得“趣”，追求“平常心是道”，追求平淡自然之美，在有限生命中不断肯定自我，超越自我。

最后，在崇庆寺三大士殿宋塑偶像崇拜中，体现了对宫廷院体派“雅致”美学思想的融合。北宋是中国传统写实艺术的黄金时代，突出体现在精益求精和精致典雅两个方面。精益求精包含着“致用”的美学思想，更多体现在对物象的极致写实上，而精致典雅是写实的外在风格所形成的美学特质。崇庆寺观音菩萨像和十八罗汉像可谓是北宋写实彩塑的经典代表，尤其是占数量之众的中青年汉僧形象，尊尊俊朗神逸，从容貌到姿势、从衣着到情态、从整体到细节，无不透露着它们举止的得体从容、地位的养尊处优、学识的渊博精深；其眼角眉梢处、举手投足间皆内敛闲雅、尊贵不凡，全身上下散发着由内而外的“温润含蓄气象”，传递着一种北宋理想中圣人特有的精神风貌。

这种写实得益于当时皇家画院的设置和发展，正是在皇家审美的倡导下，引领了宋代写实美术细腻、精致、典雅、装饰性的美学特点。北宋延续和发展了西蜀南唐以来的“画院”，从宋太宗开始即创办“翰林图画院”，至宋徽宗设立“画学”，宋代对画院的重视相当高，画院的规模和供职于画院的画师数量大、待遇和地位高。整个北宋的绘画艺术从帝王到民间前所未有的繁盛，艺风推崇和流行皇家画院的审美标准，尤其在花鸟和人物画方面，讲究考究的写实，精致的造型，华丽的装饰趣味。画院的御用释道画家，他们有着较为深厚的文化修养，直接参与当朝寺院的壁画创作，将宫廷院画的技法和风格一并渗入民间，与民间画家共同创造了北宋的宗教艺术。仅见郭若虚《图画见闻志》，书中记录宋代从建隆元年（960）至熙宁七年（1074），驰名当代的人物画家包括帝王（仁宗，画有《龙树菩萨》）、王公士大夫（3 人）及以下（人物画家共 53 人，佛道画家占 39 人，佛道人物画家占 29 人）共 57 人，擅画佛道人物共 33 人（包括一部分明确被记载画过罗汉的画家）。① 而其中画院画家和受皇家召奉的画家又占多数，由此可推断，北宋佛教造像的风格是受宫廷人物画的引导和对宫廷画风的追摹。这一阶段的宫廷人物画仍以曹、吴二体为宗，更倾向于吴体。又郭氏曾言："吴生之作，为万世法，号曰画圣，不亦宜哉。"夹注："已上皆极佛道人物。"② 随着宋代审美风尚的变化，用线更为流转细腻，造型更为写实精准，装饰更为细细腻精致，并且更善于表现人物的思想性格、挖掘人物的内在精神，将写实在技巧、形式和人物的个性化塑造诸方面相融相谐，推向极端化，形成鲜明的时代特征。

画史上较早有关罗汉画的记载是在晚唐五代。大量活动于蜀地的名家绘制十六罗汉（十八罗汉则见于文人文稿中），并形成了以张玄的"世态相"和贯休的"野逸相"为代表的两种主要风格。张玄的"世态相"更为常人喜爱、接受和推崇，从者甚多、蔚然成风，也更符合宗教崇拜的偶像制作。在风格上，张玄罗汉画的"世态相"亦属吴道子一脉，北宋以来的佛教造像主要借此一脉，同时加入宫廷审美时风，更写实、更精细、更追求装饰性。古代寺观壁画和塑像一般都以粉本为底进行绘塑创作，当朝绘画的主流风格技法、审美风尚与彰显个性的特征必然随此一并被效仿和吸收，尤其是寺观人物形象的创作。

---

① （宋）郭若虚：《图画见闻志》，第 78—104 页。

② （宋）郭若虚：《图画见闻志》，第 23 页。

崇庆寺宋塑的创作正是在这样的背景下展开的。经过唐代中晚期仕女画及“周家样”菩萨像的发展和成熟，至宋代佛教菩萨女性化形象塑造更是有源可溯、有范可循。崇庆寺观音菩萨像结合“周家样”菩萨像的自在安乐坐，赋予宋代女性秀丽优雅的姿态，取代了盛唐妇女的华丽健硕与晚唐贵妇的虚胖和哀怨。只可惜，崇庆寺文殊和普贤两尊更具有女性特征的菩萨像已不复存在。幸而我们还能在存留下来的影像资料中，感受到宋塑菩萨具体精微的塑造、浓郁的人情味和自足的高贵优雅从容，无可挑剔。崇庆寺宋塑罗汉以中青年汉僧形象居多，它们比例合理，制作精良，细节考究，整体和谐；它们身姿端健，容貌俊逸，气度不凡，是写实而理想化的僧人形象，并非现实中普通的僧人形象。以南次间自东向西第1像摩诃半托迦尊者(图46)为例，虽为中年汉僧，肌肤却光洁细腻，面如新月，指若葱白；精致的五官安置于申字形面庞中，双眉上挑，凤眼凝神，双唇轻合，嘴小而丰，鼻梁挺直鼻头略带鹰钩形，俊朗挺阔；坐姿自在随意，却腰挺背直，舒适中尽显闲雅。偏衫、僧袍、右袒钩纽式袈裟，里外三层，得体齐楚。衣纹随身体动态起伏自然而夸张，褶纹以对称、重复的语言特征和局部衣褶的装饰性，营造出乐曲般的韵律感和节奏感。袈裟、僧袍又彩绘沥粉贴金，装饰繁复华美，衣襟边缘皆以细挺的沥粉线条勾勒出密密的花卉纹样，随着身体动态、衣纹起伏而遍及全身；尊者裸露的面部脖颈和双手肌肤仅涂绘白色，与色彩浓重的服饰相衬，更显洁净高贵，正所谓增一分嫌长减一分嫌短。崇庆寺宋塑菩萨秀丽闲雅，罗汉俊逸儒雅，无不渗透着北宋宫廷“雅致”美学的深刻影响。

三　三大士殿偶像崇拜中“觉悟人格”和与儒“同归于治”的人生理想

宋代佛教在对儒学的认识和回应中，提出“儒佛互补”“同归于治”的交融思想，成为入世的宗教。崇庆寺三大士殿内，明间以主尊观音菩萨、左右文殊和普贤两胁侍菩萨共同构成“新三圣”范式，并以自在的“安逸坐”和女性特征塑造菩萨形象。南北次间围以具有独立题材性质的十八罗汉像，塑造出带有现实僧人特征的罗汉形象，在体量上，三大士像身高缩减趋于均等，众罗汉像则接近真人大小。崇拜偶像的身份、形象塑造以及体量尺寸的改变，在造像样态上表明了佛教的进一步世俗化。而其内含着佛教于内以“治心”，完成自我完善和自我超越，以“觉悟人格”作为最高的人格审美理想；于外与儒互补，“同归于治”，将“彼岸”美好天国转化为现实生活的一种延续和理想化，在现世超越中实现人生理想的审美境界。

宗教艺术的偶像制作，是一种“偶像符号”，一般会根据相关宗派经典形成较为固定的组合形式，涵括相关的教义与信仰，也会由此延伸出相应的实践行为与礼拜仪式。究其实质，崇庆寺宋塑“三大士”及其信仰模式，是一个圣德典范，一个理想人格典范，是信众在供奉“三圣”的过程中，一个以人为起点，以三圣为理想人格典范，向内觅理，去妄显真，不断提升内心品质，超越自我，启发自身内在与三圣相同的美德，最终由凡入圣，自性成佛。成佛是佛教的理想人格，但成佛归根结底是成人，是人在内向觅理提升内心品质的过程中悟透人生，达至一个人自身的人生圆满，这是一种觉悟了的审美人格。这与儒家的“圣人气象”中具备仁义道德和纲常礼教有一致的方面，正因如此，佛教自信同样可以助政治、广教化，与儒家一起为国家权威和思想秩序建设发挥重要作用。不过和儒家的克己复礼，以维护统治阶级的利益、服从封建礼制的理想人格相比，佛教追求的觉悟人格要更高，是所有个体的自由、一切众生的平等，是一种超越性的审美人格。

三大士两侧围塑的十八罗汉像及其信仰模式，又实实在在地体现了宋代佛教的入世特征，现实关怀，呈现出佛教，准确地说是禅宗“觉悟了的世人人格”的一面。禅宗提倡的“平常心是道”，正如十八罗汉像为我们展现了尊者、高僧外在的平常生活，涵括了种族，汉僧梵僧都有，跨越了年龄，青年、中年和老年俱全，呈现了世人日常的种种情态，有的僧服严整，有的袒胸露怀，或打坐，或看经，或沉思，或辩论，或纵笑，或嗔怪，等等。这些平常的生活状态既是平常的又是不平常的，平常是其外在形式，不平常则指其心境，觉悟之人并不耽滞于平常生活本身，内心是超脱无拘的，是在凡与圣之间的自由往返，是随遇而安、洒脱自由的人生态度和超越心境，这就是觉悟了的世人人格。崇庆寺宋塑十八罗汉形象的塑造，正是匠人在塑作中将觉悟人格内在的超越和完美，赋予外在样态的真实细腻、超逸儒雅、自在脱俗，是艺术的审美理想化。

佛教在其中国化的演变中，受儒家关注现实人生的本土文化影响，并与其融合互补，北宋时期最终以生活化的特色，成为入世的宗教。不管我们接不接受佛教“儒学化”的说法，当契嵩提出“儒家治世，佛家修心，道家养生”时，佛教已经认同了儒家思想及其文化主体地位，并积极参与和发挥对国家权威、社会秩序、思想秩序、伦理道德诸方面的维护和建设作用。佛家强调“儒释互补”“同治于归”，就是要以佛教之长配合儒家共同“治世”，将佛家的出世宗教转化为现世超越，在现实中完成对现实人生的超越，与儒家“内圣外王”的人生理想是一致的。崇庆寺罗汉像的塑造有一个不容忽视的特点，即虽然每一尊罗汉像的外在特征鲜明个性突出，但存在一定的程式化处理。有些罗汉像的相貌极为相似，如北次间由西向东第 7 尊举钵罗汉像和南次间由西向东第 2 尊伏虎罗汉像的头型、五官和皱纹特征很接近（图 61、图 62）。还有，特别是中青年汉僧像的五官多为凤目秀鼻樱嘴，俊美飘逸，气质儒雅，这种形象恰好与梵僧的武将神人形貌相区别，他们的形象可以说是宋代佛学高僧和儒学大家的结合，是来自宋代通过科举走向仕途参与治理国家事务的士大夫阶层，和走向世俗“觉悟人格”的禅宗大师之融合，兼有禅僧——儒士的双重身份，是以儒治世和以佛治心的交融互补在造像中的理想转化。可以说，汉僧罗汉像的塑造包含了佛家的入世理想，与儒家共怀道义情怀，共有忧患意识、共担社会责任，平等互助，共同治世的人生理想。

塑造“怎样的人”，这取决于当时代理想的人的范式。宋代是一个典型的“知识改变命运”的时代，知识分子获得了前所未有的机遇，可以不论出生，全凭才学，鲤鱼跃龙门，脱贫而跻身达官贵人的行列，承担起经世济民的社会责任。他们“内圣外王”，既参与社会管理、又从事文化创造，既齐家治国胸怀天下，又怡情养性自在闲适，这样兼学者—官僚的士大夫地主阶层自然带着不俗的气度，他们是君子如玉温润含蓄，成为宋代人追求的理想范式。也自然成为佛教世俗化造像的理想范本，崇庆寺罗汉造像显然是把这一理想范式与精益求精的装饰写实相结合，成功地塑造了带有时代特征独一无二的佛教艺术形象。

《东京梦华录》中巨细无遗地描述了宋人现代、休闲式的日常生活。北宋时期汴梁的俗世繁华渗透到大相国寺内，本该是清修幽闭之所，却会“每月五次开放，万姓交易”[①]，寺内每个月有高达五次的开放交易会，百姓可以在寺内自由买卖，物品应有尽有。各寺院的尼姑们女工了得，制作的手工艺品在廊道里被兜售。寺内还有饭店，寺僧的厨艺高超，有叫惠明的僧人尤其善做烧猪肉。大相国寺热闹如织，显然和北宋汴梁市民们的生活融合在一起，从容地接纳了世俗。

宋代佛教造像也走向世俗，菩萨代替佛成为主尊，菩萨造型的女性化和罗汉造型的凡俗化审美倾向，改变了早期佛教以佛为主的信仰系统，将世俗的职权官能和造像信仰系统直接联系。菩萨形象多了女性的秀美与温婉，大大增进了人对神的信任依赖感、拉近了神和人之间的距离；罗汉则是僧人形象，域内域外、老少中青，每个平常人，都可成佛。就连寺庙也不再像早期的石窟造像总是那么偏远，而在人们生活的城市和乡村纷纷修建起来，拜佛求神就是家门口的事，非常方便。自唐代禅宗盛行以来，推行不著书、不苦修，修行成佛就在点点滴滴的日常生活中，只要内心坚定、澄明，即心是佛。宋代人务实的性格促成了佛教世俗化的完成，修行成佛变得前所未有的简单容易，精神信仰和现世享乐毫不相悖。佛教前所未有地赢得了更广大的信众。

① 杨春俏译注：《东京梦华录》，中华书局 2020 年版，第 192 页。

结　语

山西长子崇庆寺彩塑是我国宋代寺观彩塑的重要代表，其优秀的彩塑艺术以可视的物质形态，保留着北宋佛教造像鲜明的时代风格特征和独特的地域审美特点，反映了北宋时期世俗化的宗教思想和信仰中心的转变，并为中国美学史作出了不可忽略的贡献。

山西有宋塑遗存的佛教寺院，其主殿以供奉“华严三圣”为主。其中最有代表性的是晋城青莲寺上寺释迦殿内的“华严三圣”，即释迦牟尼佛和文殊、普贤二胁侍菩萨三像的组合，三圣尺寸虽较唐代有所缩减，但依然高大，保留其神性特征。比较明显的变化是，主佛和两胁侍菩萨的身高比例差距较小，透露出菩萨与佛身份趋同的倾向。而在崇庆寺三大士殿中出现的“华严三大士”造像，则是直接模仿“华严三圣”的造像模式，以观音菩萨代替佛主，形成了菩萨“三圣”组合，将菩萨和佛的身份平等化。这一变化不容忽视，显示了菩萨信仰中心的形成和菩萨题材的流行，是北宋时期宗教世俗化的一个重要造像特征。此外，山西宋塑佛教造像中最有代表性的遗存，是出现在侧殿内的十六罗汉和十八罗汉题材，且皆与观音菩萨像配置组合。特别是罗汉形象的塑造，他们在体量尺寸上等同常人，采以俗世中僧人的样貌，着宋代流行的僧袍，神态自若，各行其是，充满人的情味。尤其是崇庆寺十八罗汉中的中青年汉僧像，他们外在样貌俊逸，写实而理想化。

与唐代佛像以抽象写实和巨大体量来凸显神性的世俗化造型不同，崇庆寺宋塑的世俗化特征则是以罗汉、菩萨形象为主，以具象写实和数量众多取胜。这也体现了北宋时期全国寺观彩塑造像变化的整体趋向，而包括崇庆寺在内的山西北宋寺观彩塑，在实物资料方面是最重要最全面的来源。由此，本文选择其中保存相对完好，艺术成就显著，且具有典型意义的长子崇庆寺宋塑，以客观科学的实地考察为基础，考证和图像学方法为主要研究方法，从具体艺术对象的审美特征，到宋塑题材样式蕴含的内在思想和信仰变化，及其审美意蕴和在中国美学史中的独特价值，层层深入探究，得出以下结论。

首先，把彩塑和其所依附的寺观建筑联系起来，实地考察，获取了长子崇庆寺宋塑翔实的基础信息。包括测量数据、采拍图片，并分类记录、制作图表，绘制线图，在此基础上结合文献资料，具体到每一尊彩塑的考证性描述。建立了第一手的长子崇庆寺宋塑的数据、图像考证描述和图像文献资料。

其次，从崇庆寺宋塑的题材样式入手，探究了其造像的思想渊源和信仰中心转变。崇庆寺三大士殿的主像组合为“华严三大士”，是华严宗“华严三圣”信仰和造像模式的转化，是佛教由对抽象义理的探玄注疏向世俗崇拜的转变。辅像十八罗汉题材则源于佛经中的十六罗汉，出自唐玄奘所译的《大阿罗汉难提蜜多罗所说法住记》。《法住记》中记载着佛陀临终时的嘱托：“十六大阿罗汉及诸眷属，随其所应，分散往赴，现种种形，蔽隐圣仪，同常凡众，密受供具，令诸施主得胜果报。如是十六阿罗汉护持正法，饶益有情。”十六罗汉临危受命，驻世护法，果报施主。十八罗汉是在十六罗汉的基础上又另外增加了两位而成，多见于民间造像，因其不受佛典限制，这些罗汉形象既有具体的人的特征，又神性足具，依净土宗佛典，宣扬罗汉信仰的现报利益，据禅宗的实践美学，塑造罗汉形象的日常修行状态，由此，进一步深化了佛教的世俗化。

再次，具体分析了崇庆寺彩塑的艺术审美特点。从排列布局上看，有主从有序、对称和谐的特点，但更偏于形式上的均衡对称；从造型上看，表现出北宋严谨有法度的写实特征，且在细节处具体而微，注重装饰性，且更着重个体的内省和超越的表现，以及造像的绘画式情境塑造，整体趋于写实而理想化的审美倾向。

最后，是对崇庆寺宋塑艺术的美学意蕴及其美学价值的分析。一是作为佛教造像，崇庆寺宋塑在题材组合样式上趋向于均衡平等的审美理想，借助于塑塑相互制衡的位置排列和身高体量接近的尺寸比例，既表现出佛教中三大士组合的菩萨与佛地位的趋同，又表现在罗汉像虽为辅像，却被塑造的完满自在，在身份地位上与菩萨趋同，这些形式美感内含着北宋时期佛教在儒家排佛过程中，争取平等地位的思想意识。二是崇庆寺罗汉形象像的塑造，尤其是中青年汉僧个体形象的塑造，突出了因禅思悟道、自我超越的内心澄明之“气”，而反映在外在样貌上趋同的完美性和理想化。崇庆寺十八罗汉形象是宗教人物世俗化的表现，是综合人的生命之气和人的情感外在韵律塑造而成，具有北宋美学重要的“温润含蓄气象”。三是人间情境营造中的审美追求。随着宋代宗教的进一步世俗化，寺观殿堂内塑像组合的神仙境界转向了亲切的人间情境营造，在表现独立的、自我超越人格的同时，借助绘画性的语言方式，罗汉群像的塑造打破了像与像之间彼此独立的现象，因象生境，营造出一种彼此关联、互动的情景，一个充满人间趣味、世俗气息的理想境界。

任何宗教及其造像艺术，本质上都是借助有形的物质载体，以反映宗教信仰的终极关怀，寄托宗教的来世理想。宗教造像艺术样式的变化和审美理想追求的转换，必然受制于特定时代的影响和特定群体的诉求。北宋佛教的世俗化，则是将宗教追求的来生理想转化为一种关注现实人生的审美理想。从崇庆寺三大士殿宋塑的题材组合样式及其造像特点看，三大士和十八罗汉群像的布局均衡对称，造像写实而理想化，从菩萨像和罗汉群像的组合中，可见主从二者的体量相对接近，身份趋于平等，罗汉像尊尊呈现出独立完满的个性，他们外在闲儒雅致，更突显出各自丰富的心性内省，是儒僧或佛教居士的理想化形象。这一系列变化反映了北宋中后期，理学体系建立，儒家思想的主体地位确立，使得佛教在生存危机中为了争取与儒教平等的地位，从对彼岸世界的追求转向了对现实世界的关注，从中渗透着佛教力图在现实生活中寻求自我超越，佛儒互补、圆融平等的审美理想。

总之，长子崇庆寺宋塑艺术成就突出，其造像艺术和信仰受主流儒家思想的深刻影响，以迎合和践行佛家提出的“以儒治世、以佛修心、以道养生，同归于治”完整的逻辑结构，反映出北宋儒佛道互补圆融的审美理想和美学意蕴。

参考文献

中文著作

［美］包弼德：《斯文：唐宋思想的转型》，刘宁译，江苏人民出版社 2000 年版。

北京大学哲学系美学教研室编：《中国美学史资料选编》（上、下），中华书局 1980 年版。

柴泽俊、柴玉梅：《山西古代彩塑》，文物出版社 2008 年版。

陈传席：《中国绘画美学史》，人民美术出版社 2012 年版。

陈清香：《罗汉图像研究》，台北出版社 1995 年版。

程颢、程颐：《二程集·河北程氏遗书》，中华书局 1981 年版。

（清）储大文：《山西通志》，中华书局 2006 年版。

《大正新修大藏经》，河北佛教协会出版社 2005 年版。

葛兆光：《中国思想史》，复旦大学出版社 2013 年版。

（宋）郭若虚：《图画见闻志》，王群栗点校，浙江人民美术出版社 2013 年版。

（宋）黄休复：《益州名画录》，秦岭云点校，人民美术出版社 2016 年版。

黄能馥、陈娟娟：《中国服饰史》，上海人民出版社 2004 年版。

《绘图三教源流搜神大全》外二种，上海古籍出版社 2012 年版。

金维诺：《中国美术史·魏晋至隋唐》，中国人民大学出版社 2014 年版。

李利安：《观音信仰的渊源与传播》，宗教文化出版社 2008 年版。

李松主编:《五代宋寺观造像》2卷,《中国寺观雕塑全集》,黑龙江美术出版社2005年版。

李泽厚:《美的历程》,生活·读书·新知三联书店2009年版。

敏泽:《中国美学思想史》(上、下),湖南教育出版社2004年版。

潘桂明:《中国佛教思想史稿·宋元明清近代卷》,江苏人民美术出版社2009年版。

潘立勇等:《宋金元卷》5卷,叶朗主编《中国美学通史》,江苏人民出版社2014年版。

彭吉象:《中国艺术学》,北京大学出版社2007年版。

皮朝纲:《禅宗美学思想的嬗变轨迹》,电子科技大学出版社2003年版。

任继愈:《佛教与儒教.儒佛比较研究》,中华书局2003年版。

山西省史志研究院:《山西通史》,山西人民出版社2001年版。

沈从文:《中国古代服饰研究》,上海书店出版社2002年版。

史岩主编:《五代宋雕塑》27卷,《中国美术全集》,人民美术出版社2006年版。

释慈怡主编:《佛光大辞典》,佛光出版社1988年版。

[美]斯特伦:《人与神——宗教生活的理解》,金泽、何其敏译,上海人民出版社1991年版。

(宋)苏轼:《东坡全集》卷98,文渊阁四库全书。

[日]土屋太祐:《北宋禅宗思想及其渊源》,巴蜀书社2008年版。

(元)脱脱等:《宋史》,中华书局1977年版。

王朝闻:《雕塑美学》,生活·读书·新知 三联书店2012年版。

王逊:《中国美术史》,人民美术出版社2018年版。

王子云:《中国雕塑史艺术史》(上、中、下),人民美术出版社2012年版。

魏道儒:《中国华严宗通史》,江苏古籍出版社2001年版。

吴功正:《宋代美学史》,江苏教育出版社2007年版。

吴钩：《宋——现代的拂晓时辰》，广西师范大学出版社 2015 年版。

吴乃恭：《宋明理学》，吉林文史出版社 1994 年版。

吴松弟：《中国人口史》3 卷《辽宋金元时期》，复旦大学出版社 2000 年版。

（元）夏文彦：《图绘宝鉴》，四库全书本。

（清）徐松加：《宋会要辑稿》，中华书局 1957 年版。

徐复观：《中国艺术精神》，华东师范大学出版社 2001 年版。

薛永年等：《中国美术史·五代至宋元》，中国人民大学出版社 2014 年版。

杨春俏译注：《东京梦华录》，中华书局 2020 年版。

杨增文、方广锠编：《佛教与历史文化》，北京宗教文化出版社 2001 年版。

余虹：《禅宗与全真道美学思想比较研究》，中华书局 2008 年版。

俞剑华：《中国画论类编》，人民美术出版社 1986 年版。

（宋）赞宁：《宋高僧传》，中华书局 1987 年版。

曾枣庄、刘琳：《全宋文》，上海辞书出版社 2006 年版。

（唐）张彦远：《历代名画记》，浙江人民美术出版社 2011 年点校本。

张蓓蓓：《彬彬衣风馨千秋——宋代汉族服饰研究》，北京大学出版社 2015 年版。

张节末：《禅宗美学》，北京大学出版社 2006 年版。

张明远：《山西古代寺观彩塑·辽金彩塑》，山西人民出版社 2019 年版。

张明远等：《善化寺大雄宝殿彩塑艺术研究》，人民美术出版社 2011 年版。

张明远主编：《山西石刻造像艺术集萃》，山西科学技术出版社 2005 年版。

张宇飞：《佛影——法兴寺、崇庆寺、观音堂彩塑赏析》，河北美术出版社 2011 年版。

郑苏淮：《宋代美学思想史》，江西人民出版社 2007 年版。

《中华大藏经》，中华书局 1986 年版。

周积寅编著：《中国历代画论》（上、下），江苏美术出版社 2013 年版。

周叔迦：《法苑谈丛插图本·佛教寺院文化总汇》，上海辞书出版社 1999 年版。

周一梧：《潞安府志》，万历三十七年（1609）刻本。

（宋）朱熹：《四书章句集注》，中华书局 2011 年版。

宗白华：《美学散步》，上海人民出版社 1981 年版。

学位、会议论文

董华锋、张亮：《唐宋巴蜀地区十六罗汉造像的初步研究》，2014 年大足学国际学术研讨会论文，重庆，2014 年 11 月。

范希春：《宋代中期儒家文艺美学思想研究》，博士学位论文，中国社会科学院，2001 年。

韩毅：《宋代僧人与儒学研究》，博士学位论文，河北大学，2004 年。

郝宝妍：《北宋山西地区佛寺分布研究》，硕士学位论文，山西大学，2018 年。

胡新华：《长清灵岩寺宋代彩塑罗汉像研究》，博士学位论文，山东大学，2015 年。

姜力勤：《宋元卷轴罗汉画研究》，博士学位论文，中国美术学院，2014 年。

孔涛：《北宋院体、文人和禅画研究》，博士学位论文，山东大学，2009 年。

李明生：《宋代美学思想史论》，博士学位论文，复旦大学，1998 年。

聂士全：《实相与慈悲——以释契嵩为中心的佛教真俗关系研究》，博士学位论文，复旦大学，2005 年。

释阿难：《巴利〈论事〉中的“阿罗汉观”研究——以上座部对

有部批判为核心》，博士学位论文，复旦大学，2014 年。

释见脉：《佛教三圣信仰模式研究》，博士学位论文，中国社会科学院，2010 年。

田道英：《释贯休研究》，博士学位论文，四川大学，2002 年。

王鹏英：《二程理学美学思想研究》，博士学位论文，山东师范大学，2009 年。

魏小杰：《晋南唐宋元寺观彩塑样式研究》，博士学位论文，西安美术学院，2013 年。

谢志斌：《中国古代汉地观音形象研究》，博士学位论文，西北大学，2019 年。

邢爽：《佛学与北宋士大夫的精神世界》，博士学位论文，湖南大学，2015 年。

袁志伟：《10—12 世纪中国北方民族的佛教思想与文化认同》，博士学位论文，西北大学，2014 年。

［韩］张完硕：《宋代画论美学研究》，博士学位论文，武汉大学，2004 年。

张明远：《郭若虚在中国绘画美学史上的贡献》，审美与艺术教育国际学术研讨会论文，青岛，2002 年 8 月。

周赟：《张载哲学思想的宗教性研究》，博士学位论文，上海师范大学，2013 年。

期刊论文

柴琳：《谈晋东南宋代建筑长子崇庆寺的寺院形态与艺术价值》，《山西建筑》2020 年第 20 期。

车旭东：《元代散佚十八罗汉图考》，《南京艺术学院学报》（美术与设计）2017 年第 2 期。

陈立旭：《“内圣外王”的出世入世两面性：儒佛道互补之原因》，《湖南大学社会科学学报》1992 年第 2 期。

陈悦新：《佛衣与僧衣概念考辨》，《故宫博物院院刊》2009 年第 2 期。

高慎涛：《北宋佛教的世俗化及其表现》，《内江师范学院学报》2014 年第 11 期。

高寿田：《山西晋城青莲寺塑像》，《文物》1963 年第 10 期。

顾吉辰：《略论五代北宋时期的五台山佛教》，《五台山研究》1991 年第 1 期。

郭秋英、耿剑：《山西长子县法兴寺圆觉殿彩塑研究》，《山西大学师范学院学报》2001 年第 3 期。

郭佑孟：《晚唐观音法门的开展以敦煌莫高窟 161 窟为中心的探讨》，《圆光佛学学报》2000 年第 8 期。

韩毅：《宋代佛教的转型及其学术史意义》，《青海民族学院学报》2005 年第 2 期。

［韩］何延和：《论儒、佛、道的融合及对宋代美学的影响》，《理论学刊》1998 年第 4 期。

洪永稳：《论朱熹“圣贤气象”的美学意义》，《兰州学刊》2016 年第 6 期。

胡继高：《山东长清县灵岩寺彩塑罗汉像的修复》，《考古》1983 年第 11 期。

黄恋茹：《山东长清灵岩寺彩塑罗汉像身份问题初探》，《石窟寺研究》2020 年第 0 期（辑刊）。

济南市文管会等：《山东长清灵岩寺罗汉像的塑制年代及有关问题》，《文物》1984 年第 3 期。

姜铮：《山西省长子县崇庆寺千佛殿实测尺度与设计技术分析》，《建筑史》2018 年第 6 期。

蒋述卓：《试论佛教美学思想》，《云南社会科学》1990 年第 2 期。

金维诺：《论山西佛教彩塑》，《佛教文化》1991 年第 3 期。

景天星：《汉传佛教四大菩萨及其应化道场演变考述》，《世界宗教研究》2019 年第 4 期。

蓝慧龄：《“三大士”造像思想探源》，《五台山研究》2013 年第 3 期。

李承贵：《欧阳修与佛教——兼论欧阳修佛教观特质及其对北宋儒学的影响》，《现代哲学》2007 年第 1 期。

李凤志：《慧泥为形 华彩见真——苏州保圣寺罗汉彩塑的中国化佛教艺术特质》，《中国宗教》2019 年第 2 期。

李静杰：《陕北宋金石窟佛教图像的类型与组合分析》，《故宫学刊》2014 年第 1 期。

李利安：《十一面观音信仰考》，《五台山研究》2018 年第 3 期。

刘学智：《关于“三教合一”与理学关系的几个问题》，《陕西师范大学学报》（哲学社会科学版）2013 年第 5 期。

潘立勇：《从汉唐气象到宋元境界——宋代美学风貌概述》，《杭州师范大学学报》（社会科学版）2013 年第 6 期。

潘立勇：《论张载的美学思想》，《浙江社会科学》1994 年第 1 期。

潘立勇：《宋代美学的代表人物与核心范畴》，《社会科学辑刊》2013 年第 3 期。

彭华：《试论佛教伦理与道教伦理的“儒学化”》，《西华大学学报》（哲学社会科学版）2010 年第 2 期。

皮朝纲：《佛教美学研究琐议》，《西南民族大学学报》（人文社会科学版）2008 年第 1 期。

祁志祥：《佛教美学的研究历程及其逻辑结构》《学习与探索》2020 年第 10 期。

阮荣春：《唐宋时期的罗汉信仰和罗汉图像》，《湖南工业大学学报》2012 年第 2 期。

尚荣：《苏州保圣寺、紫金庵罗汉雕塑研究》，《南京艺术学院学报》（美术与设计）2020 年第 3 期。

沈伯村：《罗汉信仰及其造像艺术》，《求索》1998 年第 1 期。

孙红：《论善财童子五十三参的美学意蕴——从方东美的观点出发》，《贵州大学学报》（艺术版）2018 年第 4 期。

孙丽媛：《山西长子崇庆寺罗汉造像艺术探析》，《自然与文化遗产研究》2019 年第 9 期。

王红娟：《陕北地区宋金石窟艺术探讨及思考》，《黑龙江史志》2012年第9期。

王惠民：《敦煌壁画〈十六罗汉图〉榜题研究》，《敦煌研究》1993年第1期。

王丽雯、张明远：《晋城高都镇东岳庙金代彩塑研究》，《美术》2020年第9期。

王霖：《7—8世纪的十六罗汉信仰——以玄奘所译〈法住记〉为线索》上，《新美术》2015年第1期。

王霖：《7—8世纪的十六罗汉信仰——以玄奘所译〈法住记〉为线索》下，《新美术》2015年第7期。

王文旭：《华严宗法界缘起观探微——兼论其对宋明理学之影响》，《青海师范大学学报》（哲学社会科学版）2014年第3期。

王英、侯慧明：《平遥双林寺善财童子五十三参壁画初探》，《文物世界》2019年第1期。

王振国：《偏衫与直裰》，《石窟寺研究》2011年第0期。

吾敬东：《道教、儒教与佛教异同之辨析》，《探索与争鸣》2008年第3期。

于林洋：《论禅宗〈百丈清规〉》，《湖南工业职业技术学院学报》2010年第4期。

于向东：《五代、宋时期的十八罗汉和信仰》，《美术与考古》2013年第4期。

张岱年：《论宋明理学的基本性质》，《哲学研究》1981年第9期。

张国瑞：《清凉寺三大士殿的彩塑艺术》，《五台山研究》2002年第1期。

张凯：《五代、两宋十六罗汉图像的配置与信仰》，《宗教学研究》2020年第1期。

张思齐：《宋代——东方的文艺复兴》，《重庆大学学报》（社会科学版）2001年第1期。

张天曦：《宋代美学思想的基本特征初探》，《山西师大学报》

(社会科学版)1988 年第 4 期。

张总:《佛教造像与宗教仪轨的矛盾现象》,《美术研究》1991 年第 3 期。

赵德坤、周裕锴:《济世与修心:北宋文人的寺院书写》,《文艺研究》2010 年第 8 期。

赵伟:《北宋前期文人与佛教》,《宋史研究论丛》2020 年第 1 期。

周炽成、潘继恩:《儒家人生理想和中国古代知识分子的人生现实》,《华南师范大学学报》1995 年第 3 期。

朱汉民、龚抗云:《论“名士风度”与“圣贤气象”的思想脉络》,《湖南大学学报》(社会科学版)2008 年第 1 期。

邹其昌:《朱熹美学思想与中国美学精神》,《武汉理工大学学报》(社会科学版)2003 年第 6 期。

后　　记

又是一年三月春。

两年前的三月，我的博士毕业论文已近尾声，那时的我还在焦头烂额地做最后的修改和完善。回想写博士论文的那段时光，很是难忘，从美术学到美学的跨越，学术研行路上的艰辛无法言说，每一次感觉走不下去却又不甘放弃的时候，总在心底暗暗鼓励自己：迎难而上！还好，艰难被我挡在了身后。

立足山西本土，踏上研究古代彩塑这条学术之路一晃已经快十八年了，从自己最初的偶然选择到今天的不懈坚持，积跬步而前行，于浩浩然历史遗存中，一点点考察、了解、探究、钻研。2014 年，我的博士毕业论文最终确定以山西宋代彩塑作为研究对象，尝试在艺术与美学方面做一些探索性研究，本书选取的是其中关于长子县崇庆寺宋塑的内容。从我国目前遗存的宋代罗汉题材来看，崇庆寺“十八罗汉”造像可谓极具代表性的优秀佳作，从整个宋代彩塑遗存来看，崇庆寺宋塑亦是不可或缺的珍贵的实证资料。研究的过程是漫长的，从切实可信的实地考察入手，测量、拍摄、读碑文、绘线图，反复细究塑像，到深入艺术、宗教、美学及其思想交融的探求，在一点点的摸索中，在一尊尊穿越千年的优秀宗教造像中，我们可以看到宋人有宋人的追求，也可以看到流逝岁月里人性的光辉。

2022 年，我的母校山西大学入选“双一流”建设高校，并且迎来了 120 周年华诞，当此之际，本书入选《山西大学建校 120 周年学术文库》，能为母校献上一份薄礼，何其幸运！也借此机会感谢母校多年来对我的培养、爱护与支持！祝福母校再接再厉，再创辉煌！

需要感谢的人很多，没有大家的支持、帮助和理解，就没有我今天的成长。在此特别感谢我的恩师张明远教授，引我入门，言传身教，仁厚严谨，高瞻远瞩，她将真情大爱奉献给山西古代雕塑艺术的研究和保护事业，恩师的为人行事是我人生途中永远的灯塔。

感谢中国社会科学出版社，感谢王正英女士在本书出版过程中的耐心沟通和精心编校。

书中涉及的图片集中放置在文字内容之后，在阅读的过程中会带来一些不便，深感歉意！最后，本书虽尽力用心研究撰写，但错漏难免，还望读者诸君批评教正。

三月春，希望的季节。

2023 年 3 月 2 日于太原

图1　崇庆寺现存清嘉靖三年崇庆寺重修碑志

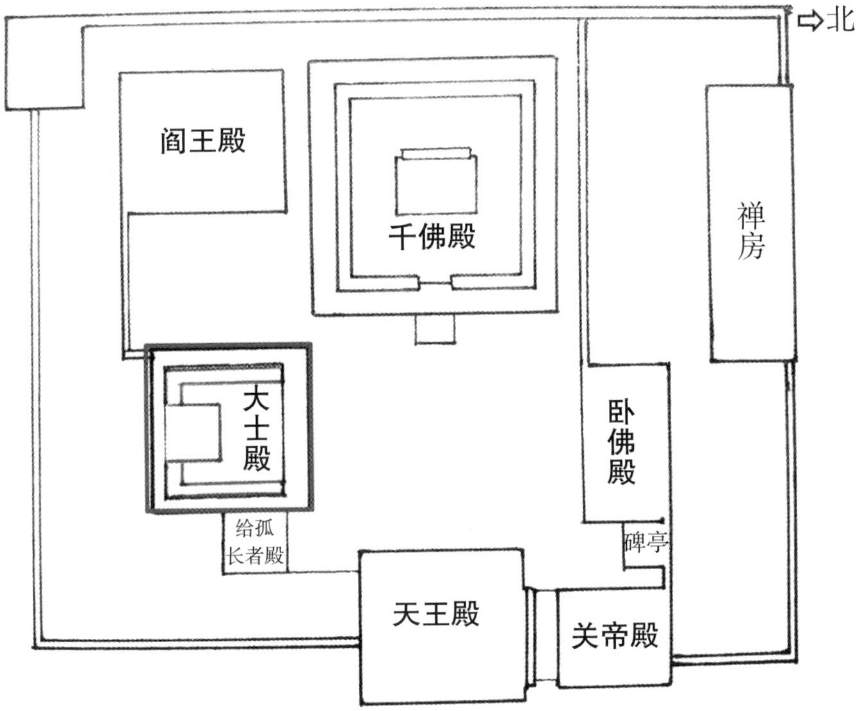

图2　崇庆寺平面示意图

图3　崇庆寺三大士佛坛束腰题记（南侧）　碑刻 北宋

图4 崇庆寺三大士佛坛束腰题记（北侧） 碑刻 北宋

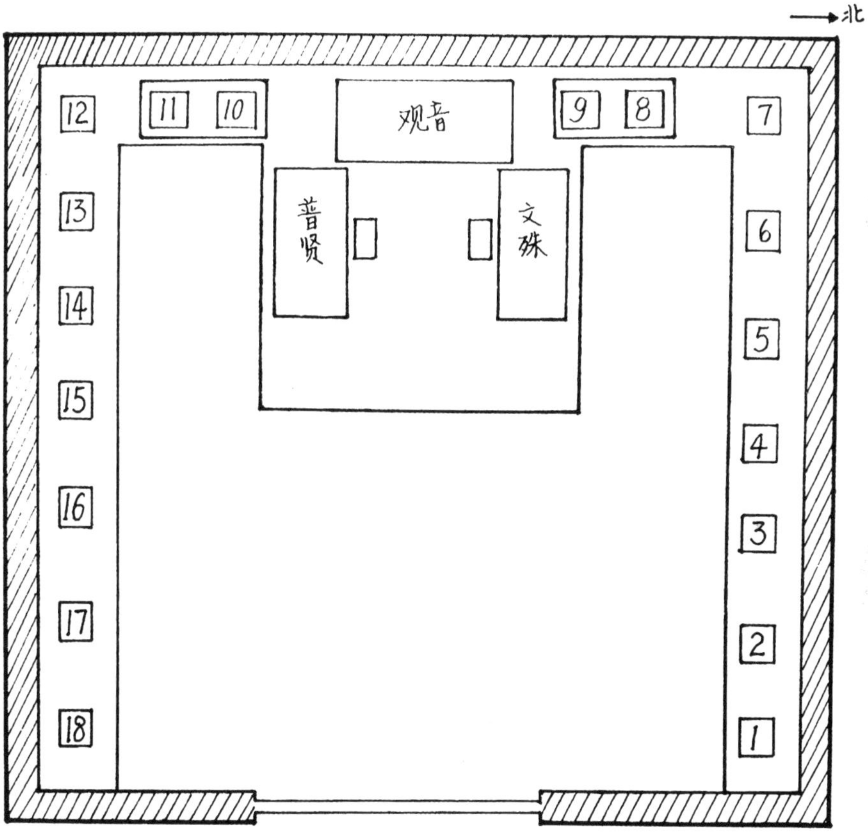

图5　崇庆寺三大士殿及彩塑位置平面图

图6 崇庆寺三大士殿三大士造像组合 彩塑 2003年修复后

图7　崇庆寺三大士殿明间观音菩萨像 彩塑 高1.71米 北宋

图8 崇庆寺三大士殿北次间北侧由东向西第1尊罗汉像 彩塑 高0.97米 北宋

图9　崇庆寺三大士殿北次间北侧由东向西第2尊罗汉像　彩塑　高1.39米　北宋

图10 崇庆寺三大士殿北次间北侧由东向西第3尊罗汉像 彩塑 高0.91米 北宋

图11　崇庆寺三大士殿北次间北侧由东向西第4尊罗汉像 彩塑 高1.45米 北宋

图12 崇庆寺三大士殿北次间北侧由东向西第5尊罗汉像 彩塑 高1.38米 北宋

图13　崇庆寺三大士殿北次间北侧由东向西第6尊罗汉像 彩塑 高1.42米 北宋

图14 崇庆寺三大士殿北次间北侧由东向西第7尊罗汉像 彩塑 高0.97米 北宋

图15　崇庆寺三大士殿北次间西侧由东向西第8、第9尊双罗汉像 彩塑
高1.41米、1.45米 北宋

图16　崇庆寺三大士殿南次间南侧由东向西第8、第9尊双罗汉像 彩塑
高1.47米、1.03米 北宋

图17　崇庆寺三大士殿南次间南侧由东向西第7尊罗汉像 彩塑 高1.38米 北宋

图18　崇庆寺三大士殿南次间南侧由东向西第6尊罗汉像 彩塑 高1.11米 北宋

图19　崇庆寺三大士殿南次间南侧由东向西第5尊罗汉像 彩塑 高0.99米 北宋

图20　崇庆寺三大士殿南次间南侧由东向西第4尊罗汉像 彩塑 高1.42米 北宋

图21　崇庆寺三大士殿南次间南侧由东向西第3尊罗汉像 彩塑 高1.40米 北宋

图22　崇庆寺三大士殿南次间南侧由东向西第2尊罗汉像 彩塑 高1.39米 北宋

图23　崇庆寺三大士殿南次间南侧由东向西第1尊罗汉像 彩塑 高1.37米 北宋

图24　崇庆寺三大士殿北次间罗汉群像 彩塑 北宋

图25　崇庆寺三大士殿南次间罗汉群像 彩塑 北宋

图26　晋城青莲寺上寺释迦殿“华严三圣”造像 彩塑 北宋

图27　杭州烟霞洞伏虎罗汉像 石刻 五代

图28　杭州烟霞洞降龙罗汉像 石刻 清末

图29　晋城青莲寺观音堂观音菩萨及善财童子、龙女像 彩塑 北宋

图30　崇庆寺三大士殿梁上飞龙 雕刻 北宋

图31　崇庆寺三大士殿降龙罗汉像 彩塑 北宋

图32　崇庆寺三大士殿文殊菩萨像 彩塑 北宋

图33　崇庆寺三大士殿普贤菩萨像 彩塑 北宋

图34 崇庆寺三大士殿三大士像 彩塑 北宋

图35　崇庆寺三大士殿文殊菩萨像 彩塑　净高1.56米　2003年

图36　崇庆寺三大士殿普贤菩萨像 彩塑 净高1.57米　2003年

图37　法兴寺圆觉殿西次间由南向北第1尊菩萨像　彩塑　高2.10米　北宋

图38　法兴寺圆觉殿西次间由南向北第3尊菩萨像 彩塑 高2.00米 北宋

图39　法兴寺东次间由南向北第3尊菩萨像　彩塑　高1.60米　北宋

图40　法兴寺西次间由南向北第4尊菩萨像 彩塑 高2.05米 北宋

图41　江苏吴县甪直镇保圣寺降龙罗汉像 彩塑 北宋

图42　崇庆寺三大士殿南次间自东向西第3尊罗汉像褶纹（局部） 彩塑 北宋

图43　崇庆寺三大士殿北次间自东向西第6尊罗汉像褶纹（局部）彩塑 北宋

图44　崇庆寺三大士殿南次间自东向西第5尊罗汉像褶纹（局部） 彩塑 北宋

图45　崇庆寺三大士殿北次间自东向西第1尊罗汉像褶纹（局部）　彩塑　北宋

图46　（左）崇庆寺三大士殿南次间自东向西第1尊罗汉像衣纹图示 彩塑 北宋

图47　（右）崇庆寺三大士殿南次间自东向西第2尊罗汉像衣纹图示　彩塑　北宋

图48　青莲寺观音阁二层前檐廊东石柱 刻文 北宋

图49　青莲寺观音阁二层前檐廊西石柱 刻文 北宋

图50　青莲寺观音阁北次间自西向东第1尊罗汉像　彩塑　高1.37米　北宋

图51　青莲寺观音阁南次间自西向东第8尊罗汉像 彩塑 高1.35米 北宋

图52　青莲寺观音阁北次间自西向东第4尊罗汉像　彩塑　高1.37米　北宋

图53　青莲寺观音阁北次间自西向东第8尊罗汉像 彩塑 高1.08米 北宋

图54　青莲寺观音阁北次间自西向东第7尊罗汉像　彩塑　高1.32米　北宋

图55　青莲寺观音阁南次间自西向东第5尊罗汉像 彩塑 高1.34米 北宋

图56　青莲寺观音阁南次间自西向东第6尊罗汉像 彩塑 高1.34米 北宋

图57　山东灵岩寺千佛殿东侧由南向北第1尊达摩尊者像 彩塑 高1.55米 北宋

图58　山东灵岩寺千佛殿东侧由南向北第5尊迦留陀夷像 彩塑 高1.55米 北宋

图59　山东灵岩寺千佛殿东侧由南向北第15尊天贝高峰妙禅师像 彩塑 约1.55米 北宋

图60　山东灵岩寺千佛殿西侧由南向北第14尊沙弥和尚像　彩塑　高约1.55米　北宋

图61　崇庆寺三大士殿北次间由西向东第7尊罗汉头像 彩塑 北宋

图62　崇庆寺三大士殿南次间由西向东第2尊罗汉头像 彩塑 北宋